○ 全民阅读·经典小丛书 ○

宽容

[美]房龙 著　冯慧娟 编

吉林出版集团股份有限公司

版权所有　侵权必究

图书在版编目（CIP）数据

宽容 /（美）房龙著；冯慧娟编. — 长春：吉林出版集团股份有限公司，2015.6（2025.5重印）
（全民阅读.经典小丛书）
ISBN 978-7-5534-7568-4

Ⅰ.①宽… Ⅱ.①房… ②冯… Ⅲ.①思想史 – 世界 Ⅳ.①B1

中国版本图书馆 CIP 数据核字 (2015) 第 119901 号

KUANRONG

宽容

[美] 房龙　著　冯慧娟　编

出版策划：	崔文辉
选题策划：	冯子龙
责任编辑：	孙骏骅
排　　版：	新华智品
出　　版：	吉林出版集团股份有限公司
	（长春市福祉大路 5788 号，邮政编码：130118）
发　　行：	吉林出版集团译文图书经营有限公司
	（http://shop34896900.taobao.com）
电　　话：	总编办 0431-81629909　　营销部 0431-81629880 / 81629881
印　　刷：	北京一鑫印务有限责任公司
开　　本：	640mm × 940mm　1/16
印　　张：	10
字　　数：	130 千字
版　　次：	2015 年 7 月第 1 版
印　　次：	2025 年 5 月第 5 次印刷
书　　号：	ISBN 978-7-5534-7568-4
定　　价：	45.00 元

印装错误请与承印厂联系　　电话：010-61424266

前言
FOREWORD

郁达夫说:"房龙的笔有种魔力,干燥无味的科学常识,经他那么的一写,无论大人小孩,读他书的人,都觉得娓娓忘倦了。"

威廉·亨德里克·房龙(1882年—1944年),荷兰裔美国人。他曾经做过教师、编辑、记者、播音员,是个多才多艺的博学之士,是著名作家和历史学家。他一生中撰写了大量饮誉全球的作品,如《宽容》《圣经的故事》《人类的故事》《发明的故事》《房龙地理》《人类的艺术》等,都曾在世界上掀起持续的阅读高潮。其中,尤以《宽容》一书给读者留下极为深刻的印象。

《宽容》是将悲剧用一种异常轻松幽默的语言描述出来的奇书,描写的是一幕幕因为偏执和固执己见所带来的悲剧,以及众多的杰出人物为了宽容的事业所做出的非凡的努力。它从人文主义立场出发,解析了人类为寻求思想的权利所走过的艰辛历程,勾勒了一幅波澜壮阔的人类思想解放史

前言 FOREWORD

画卷。

这本涉及宽容这一抽象的概念以及宗教这一形而上的范畴的作品，是一本畅销近百年的通俗历史读本，是畅销全球的人文主义经典，是挑战愚昧与极端观念的历史佳作，是关于宽容和自由思想的最经典、最通俗、最简洁的读本。书中所传达的思想信息和价值观念，直到今天仍是有益的，有利于年轻人价值观的完善和成熟。

《宽容》是一本值得一读再读的书。

由于篇幅所限，本书对原著有所删节，但笔者相信这部袖珍读本已完全可以体现出《宽容》的精华，希望每一位读者都能从房龙的《宽容》之中汲取有用的养分。

序	〇〇六
无知的暴虐	〇一三
桎梏的开始	〇二四
上帝的晨光	〇三四
囚禁	〇五三
宗教法庭	〇六二
求知的人	〇七七
基督教改革运动	〇八八
蒙田	一〇〇
布鲁诺	一〇六
太阳国王	一一二
百科全书	一一六
革命的不宽容	一二四
汤姆·佩恩	一三三
最后一百年	一三九
后记	一四六

序

在一个无知山谷里，人们过着宁静、幸福的生活。

永恒的山脉蜿蜒地向东、南、西、北等各个方向延伸。

溪谷显得深邃、破败，知识的小溪沿着溪谷缓缓地流着。

它从从前的荒山发源。

在未来的沼泽里消失。

对于要求不高的村民来说，这条不像江河那样波涛滚滚的小溪，已经绰绰有余了。

晚上，饮完牲口、灌满木桶的村民，总是无忧无虑地坐下来享受天伦之乐。

在阴凉角落里躲了一天的守旧老人们，被搀扶出来，面对一本充满神秘色彩的古书苦苦思索。

这些老人对孩子们总是讲一些古怪的字眼，可是孩子们的心里却想着玩耍那些从远方捎来的漂亮石子。

因为这些东西的意思大都晦涩难懂。

但这些东西却是神圣而不可侵犯的，因为它是一个一千年前现在已不为人知的部族写的。

在这个山谷里，越古老的东西越受到尊敬。

如果有谁敢质疑祖先的智慧，那么他就会受到正人君子的排斥。

因此，所有人相处得都很融洽。

但是，人们也总是感到害怕。他们不知道如果自己得不到果园中应得的那份果实该怎么办。

在深夜，在小镇的狭窄的小巷里，人们用低沉的声音讲述着一些情节模糊的往事，讲述着那些敢于提出问题的男男女女。

这些男男女女后来都走了，之后，他们一直没有回来。

另外，还有一些人曾经想攀登那些挡住太阳的岩石和高墙。

但最后，他们都没有成功，石崖底下，他们的尸体现在已变成了堆堆白骨。

岁月流逝，日复一日，年复一年。

在这个无知山谷里，人们过着宁静、幸福的生活。

外面是黑漆漆一片，一个人正在艰难地爬着。

他手上的指甲已经磨破了。

脚上缠着一块浸透鲜血的破布，那鲜血告诉人们他经过了怎样的长途跋涉。

他跟跟跄跄地来到旁边的一间茅屋前，敲了敲门。

然后，他便不省人事，颤动的烛光中，他被人抬上了一张吊床。

第二天早晨，"他回来了"的消息就传遍了全村。

邻居们站在他的四周，不断地摇着头。他们知道，这是早已注定的结局。

对于那种敢于离开山脚的人来说，等待他的只有妥协和失败。

在村子的一角，守旧老人们也摇着头，并不断地吐出一些恶毒的词句。

这些人并不是天生残忍，但是，法律毕竟是法律。他违背了他们的意愿，犯了滔天大罪。

等到他的伤治好，他就要接受审判。

守旧老人也想对他宽大处理。

因为他们想起了他母亲那双明亮的眼睛，也想起了他那三十年前在沙漠里失踪的父亲。

但是，遗憾的是，法律毕竟是法律，所有人都必须遵守。

而法律的执行者就是他们——守旧老人。

漫游者被守旧老人抬到集市上，人们都恭敬地站在周围，全场一片寂静。

漫游者的身体非常虚弱，因为他又饿又渴。

因此，老者让他坐下，可他拒绝了。

他们命令他不许说话，但他偏偏要说。

他背对老者，两眼搜寻着不久以前还和他志同道合的人。

"请听我说，"他诚恳地说道，"听我说，大家都不要再忧心忡忡，我刚从山的那边过来，我的双脚踏上了一片新鲜的土地，我的双手受到了别的民族的亲切抚摸，我的双眼看到了许多奇妙的景象。

"小的时候，父亲的花园就是我全部的世界。

"早在创世的时候，花园东、南、西、北四面的疆界就定下来了。

"每次我问：'疆界的那边藏着什么'，大家就一个劲地摇头，一片唏嘘。但我偏要打破砂锅问到底，于是，他们把我带到这块岩石上，让我看那些白骨，那些有胆子藐视上帝的人的累累白骨。

"'骗人！上帝欣赏勇敢的人！'我喊道。于是，'古董'老人走过来，对着我读起他们的所谓的圣书。他们说，人间万物的命运都是上帝早已决定了的，我们的东西，比如，山谷、野兽、花朵、果实、鱼虾，我们掌管；不是我们的，比如，山是上帝的，对于山那边的东西我们应一无所知，直到世界消失。

"他们这是在撒谎，他们不但欺骗了我，也欺骗了你们。

"那边的山上有牧草茂盛的牧场，有一样血肉的男男女女，那儿的城市光彩夺目，已经有一千年的历史了，那儿是无数能工巧匠精心建造的。

"我已经找到了一条大道，它通往我们更美好的家园，我已经感觉到幸福生活正在向我们招手，跟我走吧，让我带领你们奔向那里。上帝的笑容不光在这儿，也在别的地方。"

他停住了，人群里发出一声可怕的吼声。

"亵渎，这简直是对神灵的亵渎。"古董老人叫喊着，"让他因为他的罪行得到应有的惩罚吧！他已经疯了，竟敢嘲弄一千年前定下的律法，他死不足惜。"

人们高举沉重的石块，杀死了这个漫游者。

为警告那些胆敢怀疑祖先智慧的人，他的尸体被扔到了山脚下，杀一儆百。

不久，这里暴发了一场特大干旱。知识小溪不再潺潺流水，它枯竭了。因为干渴,许多牲畜都死了,田地里的庄稼也都枯萎了,山谷里到处弥漫着饥饿的气息。

但是,古董老人们没有失望,他们预言说,一切都会好起来的,因为,那些最神圣的篇章里是这样写的。

而且,他们已经很老了,很少的一点食物就足够维持他们的生命了。

冬天来了。

村子里人烟稀少,空空荡荡,冷冷清清。

由于饥寒交迫,大部分人都死了,幸存的人把唯一的希望寄托在山的那一边。

可是律法却说:"不行!"

律法不得违背。

一天夜里,发生了叛乱。

由于恐惧而逆来顺受的人们在失望面前充满了勇气。

守旧老人的抗争是徒劳的。

他们被人推到了一边,这时候他们还在怨天尤人,但是,当最后一辆马车驶出村子时,他们叫住了马车夫并强迫他把他们带走了。

就这样,一次投奔陌生世界的旅行开始了。

虽然那个漫游者已经开辟了一条道路,但毕竟已事隔多年,要找到那条道路实在不是一件容易事。

很多人死了,人们踏着他们的尸骨好不容易找到了第一座用石子堆起的路标。

这之后,旅程中的艰辛少了些。

在茂密的、一望无际的丛林、荒野、乱石中，有一条宽敞的大道，这是那个细心的先驱者用火烧出来的。

人们被它一步一步地引到了一个绿色牧场上，那是一个全新的世界。

大家相对无言。

"最终，他是对的，"人们说道，"守旧老人是错的。"

"他说的是事实，守旧老人说的是骗人的……"

"现在，守旧老人坐在我们的车里，唱着那些老掉牙的歌儿，可是，他的尸首却在山崖下腐烂。"

"他救了我们，可我们却杀死了他。"

"这件事我们真的做错了，但是，如果当时我们知道的话，就不会……"

然后，人们把马和牛的套具卸下来，把牛羊赶进牧场，建造房屋，规划土地，从这以后，人们又过上了幸福的生活。

几年后，一座大厦拔地而起，这是智慧老人的住宅，同时，人们打算把勇敢先驱者的遗骨埋在里面。

一支由表情严肃的人组成的队伍回到了荒芜多年的山谷，空空的山脚下，人们找不到先驱者的尸首。

因为，尸首早就让一只饥饿的豺狗拖入了自己的洞穴。

先驱者足迹的尽头，现在已成了一条大道，人们把一块小石头放在那里，石头上刻着先驱者的名字，那是一个首先挑战未知世界的黑暗和恐怖的人的名字，是一个把人们引向新的自由的人的名字。

石头上还写明，它是一些后代怀着一颗感恩朝礼的心建成的。

过去发生过这样的事，现在这样的事还在继续。不过我们希望，在将来，这样的事不再发生。

无知的暴虐

弗雷维厄斯·阿尼西厄斯·查士丁尼早在527年就统治了东罗马。

他是一个对书本知识一窍不通的塞尔维亚农夫。古雅典的哲学学派被他压抑下去了。唯一的一座埃及寺庙也被他关闭了,而自从信仰新基督教的僧人侵入尼罗河之后,这座寺庙已经有数百年的历史了。

寺庙位于一个离尼罗河的第一个大瀑布不远的名为菲莱的小岛上,这里自古就是朝拜爱西斯的圣地,但不知为什么,除了这个女神还灵光不灭外,非洲、希腊、罗马诸神早已不知所踪了。一直到

拜占庭镶嵌画《查士丁尼和他的随从》

6世纪,只有这里一直是理解古老神圣的象形文字的场所,在别的地方早就被忘掉的一些工作,在这里被极少数的教士继续着。

可是到现在,庙宇和附近的学校成了国家的财产,神像和塑像成了君士坦丁堡的博物馆里的文物,教士和象形文字书法家进了监狱,而这一切,都是因为一个没有一点文化的农夫的命令,这个农夫被人们称为"皇帝陛下"。

实在是太可惜了。

如果不是该死的查士丁尼那么快就斩草除根,几名老象形文字专家就可以被抢救到一个像"诺亚方舟"那样安全的地方,历史学家的工作就不会像现在这样困难。凭借商博良这个天才,我们现在只能再次拼写出古怪的埃及词汇,但是,他们留给后代的内在含义我们却无法理解。

这样的事情在古代社会的各民族中,是司空见惯的。

那一座座刻满宗教文字的造砖场,是长着奇特大胡子的巴比伦人留给我们的。那些人曾经虔诚地大声疾呼:"将来有谁能够理解天国中上帝的忠言?"当时,他们的想法是怎样的呢?他们不断祈求圣灵的保佑,力图解释圣灵的法律,最神圣城市的大理石柱上也刻上了圣灵的旨意,他们是怎么理解这些圣灵的呢?他们时而心胸宽广地鼓励教士研究天国,探索陆地和海洋的奥秘,时而又变成凶残的刽子手,使人们受到骇人听闻的惩罚,哪怕他们只是稍微忽略了那些早已被人忘记的宗教礼节,这又是为什么呢?

直到现在我们也没弄明白。

我们派出了去尼尼韦的探险队,让他们追寻西奈沙漠上的古迹,译释了足有几英里长的楔形文字书版。在美索不达尼亚和埃及的各个地方，我们都尽力发掘打开智慧宝库之门的钥匙。

一个偶然的机会，我们竟找到了宝库的后门，其实人们随时都可以进去，因为它一直是敞开着的。

但是，我们并不是在阿卡达和孟菲斯附近找到的这个小小的方便之门。

它坐落在丛林深处。

被异教徒寺庙的木柱遮挡得严严实实。

我们的祖先在寻找抢掠对象时，遇到了那些所谓的"野蛮人"。

他们的相遇非常糟糕。

菲莱岛上的爱西斯神庙遗址

可怜的野蛮人举着长矛和弓箭欢迎他们的白人"朋友",却不知自己误解了白人的用心。

回敬他们的是大口径手枪。

从此,再也看不到平心静气、不带偏见的思想交流。

野蛮人总是被写成肮脏、懒惰的废物,只会信奉鳄鱼和枯树,他们应该得到任何报应。

18世纪便有了转机。首先透过朦胧的伤感泪水观察世界的是让·雅克·卢梭,他的思想还打动了与他同时代的人,使他们纷纷掏出手绢加入流泪的队伍。

他们最喜欢谈论的话题是那些愚昧无知的野蛮人,在他们眼里(尽管他们从未见过野蛮人),野蛮人是人类各种美德的真正体现,却不幸成了环境的牺牲品,而这些美德早已在经历了三千年文明制度的人类身上丧失了。

而现在我们对这些东西了解得更清楚了,至少是在特定的调查领域里。

我们像研究较高级的家禽一样研究原始人,他们其实差不多。

一般情况下,一分耕耘,一分收获。野蛮人只是没有被上帝感化而已,实际正是我们自己在恶劣环境中的自我体现,我们通过对野蛮人的研究,开始认识了尼罗河谷和美索不达尼亚岛的早期社会;对他们深入的认识使我们豁然开朗,知道了人类的许多怪异的天性都是在最近五千年内形成的,如今在一层薄薄的礼仪和习惯的外衣下我们仍可觉察到它的存在。

我们不能总是以发现了这些东西而自豪。相反地,我们满足于已经完成了的工作业绩，庆幸自己摆脱了恶劣的生活环境，就要以更大更新的勇气对待手中的工作，如果说还有别的，那就是要以宽容的态度来对待落后的各族兄弟。

这不是一本人类学手册。

这本书描写的是宽容。

但宽容的范畴非常大。

离题的吸引力很大，我们根本不知道一旦偏离大道，将会在哪里驻足。

既然这样，还是让我用精练的文字，准确地解释我所理解的宽容吧。

语言是人类发明的最有欺骗性的东西之一，所有定义都是武断的。因此大多数的人都认为，无名小辈的徒弟就必须拜倒在一本书的权威之下。

我所要说的就是《大英百科全书》。

在书的第 26 卷 1052 页写着"宽容（源自拉丁文 tolerare）：要用公正耐心的容忍来对待不同的观点和见解，容许别人有言行自由。"

或许还有别的定义，但就《大英百科全书》而言，我要把这句话作为引线。

我既然已经摆脱不了某个明确的宗旨的束缚，那还是告诉你我从野蛮人身上，从最早的社会形态中发现了什么样的宽容吧。

通常，人们认为原始社会并不复杂，几声简单的咕哝就是全部的语言，只是在社会变得"复杂"以后原始人的自由才消失的。

现在，探险家、传教士和医生在中非、北极地区和波利尼西亚经过近五十年的调查，终于得出了相反的结论。原始社会并不简单，他们语言的时态和变格连俄语和阿拉伯语都望尘莫及。原始人是过去、现在和未来的奴隶。一言以蔽之，他们是在恐惧中求生、在战栗中死去的凄凉悲惨的生灵。

在人们的想象中，野蛮人的肤色是红的，他们一边自由自在地在大草原上漫步，一边寻找野牛和战利品，而事实和这种想象却相差甚远。

事实与我们的想象差别怎么这么大呢？

我看过不少关于奇迹的书。

但人类能活下来的奇迹，是从没有记载的。

这些最后成为万物主宰的哺乳动物，当时手无寸铁，他们是通过什么方式和方法抵御细菌、柱牙象、冰雪和灼热的侵袭，我就不多讲了。

但可以肯定的是，这不是某一个人所能够做到的。

为了获取成功，当时的人只能把自己融化在复杂的部落生活中，从不张扬个性。

至高无上的求生欲望是统治原始社会的唯一信条。

除此之外还有许多困难。

因此活下来是所有其他欲望必须服从的最高信条。

个人相对于集体是无足轻重的。部落是自成体系并且依靠群力的活动堡垒，为了安全，只有排斥一切外来的东西。

但更复杂的问题是，这些话只适用现在的世界，在人类发展之初，现在的世界和当时相比，简直不值一提。

为了理解得更充分，我们必须记住原始人和我们区别很大，他们根本不懂因果法则。

假如我无意中坐在有毒的常春藤上，我会埋怨自己的大意，一边派人去请医生，一边让人弄走那些东西。理智告诉我，医生会给我药止痒，以避免引起皮疹，清除毒藤，且同样的事就不会再次发生。

真正的野蛮人却有截然不同的反应。在他的头脑中，绝不会由毒藤联想到皮疹，也分不清过去、现在和将来。上帝是他们死去的首领，精灵是他们死去的邻居。精灵陪伴着活着的人，是家族中看不见的一员，仍与他们共同吃睡，共同工作。活人应考虑是远离他们还是与他们成为朋友，不然立即遭到惩罚。他们总是害怕自己遭到报复，因为活人不知道怎样得到精灵的欢心。

因此，他们找不到一些怪事的根本原因，而只能归功于精灵。他看到臂上长了皮疹，一定会嘟囔："我得罪了上帝，他来惩罚我了。"决不会说："又是该死的

在古希腊神话中，桑纳托斯掌管人们的生死，可以降罪给人们。

毒藤。"他会跑出去要一张符，而不是找医生讨消除藤毒的膏药，并且这张符必须比愤怒的上帝甩给他的那张符灵验百倍。

至于使他遭罪的毒藤照常生长，不会引起他的注意。假如有个白人用煤油把它烧死了，一定会遭到他的责骂。

所以，在一个社会中，如果认为虚幻的生灵主宰一切，就要绝对服从能使上帝平息怒火的律法，这样才能使社会维持下去。

律法在野蛮人的眼中是真正存在的，它是先祖设立并遗留下来的。把它完美无缺地传给下一代是他们最神圣的使命。

在我们看来，这当然是无稽之谈，因为我们只相信进步、发展和改进。

不过，"进步"是现在才有的概念，在低级社会形态中，他们没有见过别的世界，所以认为现状很好，无须改进。

假如一切如我所说，那么怎样才能维持已定的律法和社会形式一成不变呢？

谜底并不复杂。

就是让那些胆敢违抗上天旨意的人受到应有的惩罚，说得明白点，就是靠专制。

假如因为这样我就说野蛮人最不宽容，也不是对他们的侮辱，因为我紧接着要说的是，他们所处的环境，专制是应该的。因为那些清规戒律是对他们人身安全、头脑纯洁和部落生活的一种保护，如果他们一味忍让，那些清规戒律就会被人践踏，会面临被消灭的危险，那他们就犯下了不可饶恕的罪过。

但是，让人百思不得其解的是，今天我们拥有成千上万的警察和数以百万计的军队，在推行一点普通法律时还会感到困难重重，当时，那几个人是用什么办法把那一整套靠口口相传的条例保护起来的呢？

答案并不复杂。

我们远没有野蛮人聪明，因为他们精明地估算出什么东西是不能用武力推行的。

他们发明了"忌讳"这个词。

也许用"发明"这个词有点不太恰当，因为这类东西一般是需要长年累月的积累和实践的，不是灵感的产物。不管怎么说，"忌讳"这个词被非洲和波利尼西亚的野蛮人想出来了，从而省去了不少麻烦。

"忌讳"这个词起源于澳大利亚。它的含义我们略知一二，忌讳——也就是不能做的事或不能说的话，现在的社会处处都有，例如，在吃饭时，有人谈到刚刚做完的一次手术是犯了忌讳，有人把小勺放进咖啡杯里不拿出来也是犯了忌讳。不过，这些忌讳都只是一些礼节，是无足轻重的，不会扰乱人们幸福的生活。

但对于原始人，忌讳却具有举足轻重的意义。

用希伯来语说，它是"神圣"的东西，意味着超然于这个世界的人或没有生命的物体，人们绝不能冒着立刻死去的痛苦或永恒磨难的代价谈论或涉及。如果有谁胆敢违抗祖先意志，他就会遭到人们的痛骂，不会得到半点怜惜。

到底是教士发明了忌讳，还是为了维护忌讳才产生了教士，这个问题一直没有解决，因为传统的历史比宗教更悠久，所以，极有可能是忌讳在男巫师和女巫婆产生之前就已经存在了。巫师产生之后，马上成了忌讳的顽固支持者，他用巧妙的方法疯狂盗用这个概念，把忌讳变成了史前"禁物"的象征。

我们第一次听说巴比伦和埃及的名字时，它们还处于忌讳发展的关键时期。那时的忌讳是很粗糙的，只是带有"汝不能……"这样字眼的戒律，并不像后来在新西兰发现的那样。它们就像我们熟悉的基督教"十诫"中的六条一样，是约束人类行为的严肃的否定式准绳。

当然，在那些国度的早期历史中，没有人知道宽容是什么。

我们偶尔看到的宽容，只是一种因为无知而导致的冷漠、麻木。

巴特农神庙是雅典卫城最重要的主体建筑，得名于雅典娜别号"Parthenon"。

我们发现国王和教士同意别人履行"行动或判断的自由"或"对不同于自己或传统观点的见解的耐心公正的容忍"的虚假,他们对此没有一点点诚意,现在这已成为了我们的社会理想。

因此,我们可以说,这本书的兴趣不是研究史前的历史,也不是研究一般的所谓的"古代历史"。

一直到发现了个性,人们争取宽容的斗争才开始。

个性是现代最伟大的新发现之一,这应该归功于希腊人。

桎梏的开始

很快,基督教征服了西方世界,其速度之快,使人们以为这种思想来源于天国。对这个问题我不想多加评论,只是想说,多数罗马人穷困潦倒的生活与基督教的成功传播不无关系,类似于穷困潦倒的生活导致神学的成功。

士兵、政客和企业家代表了罗马世界的一个局部,他们的住所包括拉特山山坡、坎帕尼亚的山峰和峡谷、那不勒斯海湾。这些幸运儿过着幸福的生活。

他们代表的只是一个方面。

在随处可见的贫民窟里,几乎找不到高呼太平的诗人,也看不到能把魔鬼说成天神的演说家。

在一排排一眼望不到边、凄惨的租赁区内,人头攒动、臭不可闻,劳苦大众的生活是永无止境的饥饿、流放和痛苦。在他们心目中,只有一个木匠讲的故事是可信的,他住在大洋对岸的小村庄,辛勤劳作、自力更生,他热爱贫苦人,却因此被残暴、贪婪的敌人杀害了。不可否认,米思拉斯、爱西斯和艾斯塔蒂的名字早已家喻户晓,但他们千百年前就都死了,人们对他们的了解也只是局限于千百年前的人留下的传闻。

可是不久前,约书亚、基督,也就是所谓的救世主还在人世。当时的世人几乎都知道他们,在台比留皇帝当政时期,偶尔去过叙利亚南部的人可能还听过他们的演讲。

此类事例还有很多。在阿皮恩大道旁边的黑暗的小花园里,一个面包师和一个水果商曾经跟一个叫彼得的人谈过话;去过戈尔格塔山附近的渔夫也许看到过先知被罗马政府的士兵钉在十字架上。

如果要弄清楚人们为什么突然热衷于信仰,就不能忘记这些。

基督教教义之所以能远远高于其他教义,是因为亲密无间的私人感情,也就是这种亲身的接触。基督教的爱代表了广大受压迫、受限制的人们的心声,因而传遍四方。基督教的话和后人所用的词汇是否一致不是问题,奴隶们能听能想也就能明白,他们因第一次在光辉、崇高的诺言面前看到希望而战栗。

那句让他们获得自由的话他们终于盼到了。

在权势面前,他们不再是卑贱可恶的。

他们成了被慈父宠爱的孩子。

世界的一切将由他们来继承。

十字架上的基督

他们也要分享一直是住在深宅大院里的不可一世的人才会有的快乐。

于是,产生了新信念的动力。基督教是第一个体现人人平等的真实的宗教。

当然,我的意思并不是说基督教是灵魂的感受,是生活和思考的方式,我是想说,在腐朽的奴隶社会里,好消息会不胫而走,会使人心潮澎湃。但是,历史一般是不记载普通人的精神历险的(个别情况除外),不论他是否自由。他们只有被分为民族、行会、教会、军队、兄弟会和同盟、服从某一统一指挥、有足够的财富来纳税、被迫入伍并为征服别的民族而战时才会引起历史学家的关注。因此,尽管我们对早期基督教会了解很深,却对它的真正创始人了解甚微。这真的很遗憾,因为基督教早期的发展在历史上是颇有趣的。

基督教堂终于拔地而起,它是在古老帝国的废墟上建起来的,是两个对立面结合的产物。耶稣亲自传授的基督教代表崇高的友爱慈善理想的高峰,另一个则代表狭隘的地方主义,耶稣的同乡在它的束缚下,很早就把自己孤立起来了。

说得浅显点,罗马人的效率和朱迪亚人的专横被这种地方主义思想糅合在一起,建立了专制的政治制度,虽有利于统治,但有悖常理。

让我们再回到保罗的年代或者说耶稣遇难后的半个世纪之内,来寻求事情的前因后果。事实上,基督教产生于犹太教,是民族主义运动变革的结果,从诞生之日,它就开始威胁犹太王国的统治者。

在基督还活着的时候，统治者帕里希人就十分害怕这种鼓动宣传对他们的精神垄断的威胁，因为他们的统治是纯武力的。为了保住自己的地位，在罗马统治者还来不及干预时，就惊慌失措地把他送上了绞刑架。

没有人知道如果基督不死会怎么办，他遇害时还没有成立新教派，没写下一个字告诉人们要怎么做。

这反而成了福音。

没有文字的条条框框，信徒们不受到任何明确的条例的约束，反而能更加自由地按耶稣精神的要求去做。假如一个人被一本书束缚了，就一定会全身心地投入理论研究，沉湎于对标点符号的探讨。

当然，如果真是这样，除了几个专业学者外，不会再有人对新信仰感兴趣了。基督教就会落得和别的教派一样的下场，以绞尽脑汁的文字开始，最后以警察把那些喋喋不休的理论家扔到大街上结束。

三十个世纪过去了，今天，我们了解到基督教对罗马帝国的打击，但疑惑的是，就像匈奴和哥德人的入侵一样，它对国家安全的威胁很大，为什么罗马政府没进行镇压呢？他们不可能不知道，农奴骚动、女人们喋喋不休地谈论天国之王会很快再现、一些老人正经八百地预言地球会毁灭在一团火中，这都是基督导致的。

但是，穷人为某种宗教而疯狂已经不是初次，相信也不会是最后一次。只要警方严密监控，帝国的安宁就不会被贫穷的狂热者扰乱。

警方没有找到动武的理由，虽然他们戒备森严。新教的信徒做事的方式很巧妙。他们并不想推翻政府，开始有几个奴隶还以为人们之间的父子兄弟之情会代替主仆之谊，圣徒保罗急忙解释，他的王国是灵魂王国，是看不见摸不着的，世人只有逆来顺受才能在天国里得到好报。

同样，罗马法律对婚姻的束缚，遭到许多妻子的严重抗议，理由是基督教和解放、男女平等是同义词，又是保罗出面，用花言巧语劝诫她们不要走向极端，否则会引起保守的异教徒对教会的疑心，说服她们，让她们觉得"半奴隶"的地位是女人的本分，自从亚当和夏娃被逐出天堂以后就是这样，所有的一切都表现出对法律的恭敬，很值得学习，正是由于基督教的说教最适合当政者的意愿，所以它的教士被准许任意往来。

但是，一仍旧贯，群众的宽容精神比不上统治者，他们穷困潦倒，即使为了金钱可以昧着良心妥协，但他们并不会满足和快乐。

几百年以来，古罗马的最下层人民生活浑浑噩噩，对上面的规定唯命是从。一开始他们还以嘲笑教士和修女为乐，嘲笑他们每天都在倾听耶稣像一般犯人那样被钉死在十字架上的不光彩故事，还把为投掷石块泥土的流氓高声祈祷作为自己的责任。

对于事态的发展，罗马的传教士不能保持很高的姿态。

当时帝国奉行国教，重大节日的祭祀也要采用宗教的礼仪。为此人们要缴税，这些钱全都流进了教堂头目的口袋。如果说人们都"喜新厌旧"，不理睬旧的圣地而投入另一个默默无闻的教堂，教士的收入就会大减，这样他们当然不满意，于是，他们绞尽脑汁，恶意诽谤、中伤，对传统神灵的背叛者——基督教徒大肆咒骂、指责，指责他们进香来纪念国外的先知者。

　　城市中另一阶层的人憎恨基督教的理由更充分。他们是一伙宗教骗子，就像印度的瑜伽信奉者和爱西斯、艾什特、巴尔、西贝尔和艾蒂斯神话的祭司长一样，这些人终日过着铺张扬厉的奢侈生活，将偏听偏信的罗马中产阶级的钱挥霍一空。如果基督教是和他们竞争的组织，为自己提供的上天启示定价收费，那么，巫师、占卜术士和巫术师帮会是不会抱怨的。因为，这毕竟是生意，让别人干一点预言的买卖也可以，但是，可恶的基督徒的主意太坏了，不但不收钱，还送东西给别人，给饥饿的人食物，收留无家可归的人，这简直是太过分了，让人难以置信，如果说他们没有别的经济来源或私下的收入，这是做不到的。

　　这时的罗马已经不是自由民的天下，而是从帝国各地云集而来的丧失了财产的农民的避难所，这些下层民众只晓得服从玄奥法则（控制大多数人行为），讨厌行为怪异的人，提防无缘无故想过正常生活的人。他们把经常喝酒、偶尔替人付账的好心人当作朋友，把那些不愿意看科利西姆的斗兽表演、看到一批批战俘在凯西特兰山的街道上游街而不欢呼的自命不凡的人看成逆子、敌人。

　　公元64年，罗马的贫民区在一场大火中毁于一旦，这件事为第一次有组织地进攻基督徒找到了借口。

　　最初，有谣言说火是喝醉的尼禄皇帝下令放的，因为他异想天开地想除掉贫民窟，以便按他的计划重建城市。但是谁都清楚地知道火是犹太人和基督徒放的，因为只有他们总是谈论天国大火球会降临尘世，烧毁一切邪恶。

这种说法刚开始就很快得到响应。有一个老妇人听到了基督徒和死人的谈话；还有人知道基督徒拐骗儿童，还割断喉咙，把血涂在奇怪的上帝祭坛上……当然，之所以没人亲眼看见这些下流勾当，是因为基督徒诡计多端，收买了警察。这次，他们被抓个正着，必须接受对自己罪恶行径的惩罚。

不知道有多少基督信徒被秘密处死，连保罗和彼得也音信全无，或许他们也遇害了。

不用说，这次屠杀一无所获。牺牲者面对厄运视死如归的态度是对基督教和遇难者的最好宣传。他们前仆后继。在尼禄以自杀（这是他一生中唯一一件做得光彩的事）的方式结束他短暂无为的一生后，基督徒就卷土重来，于是一切依旧。

这时，罗马当政者发现了一个问题，他们开始怀疑基督徒和犹太人是有区别的。对他们以往的错误，我们也不能横加指责，近百年的历史研究日益清楚地证明，犹太人集会堂事实上是一个情报中转站，新信仰是由它传播出去的。

不要忘了，耶稣是犹太人，他始终严格履行祖先制定的古老法律，只对犹太人演讲；他一生只离开故土一次且时间极短；为了犹太人，他还和犹太人共同制定自己的使命。罗马人从他的话中找不到一点可以区别基督教与犹太人的内容。

其实，耶稣力争做到的是：他清醒地认识到祖先教堂里充满弊病陋习，于是他大声疾呼，并为革除弊端而积极奋斗，他努力的目的只是内部改革。他从没想过自己会创建出一门新的宗教，如果当时有人谈到这样的事，他还会觉得荒唐可笑，但是，和其他改革者一样,他渐渐陷入不可调和的境地中。他的早死救了他,使他没有像路德以及其他众多改革者那样因突然发现本打算为组织"内部"做点贡献的自己成为组织"外部"一个新团体的头领而茫然不知所措。

耶稣死后很多年,基督教只是某个犹太小教派,还没有形成现在的名字,也只限于叙利亚省的耶路撒冷、朱迪亚村和加里利村有几个支持者。

犹太血统的罗马公民盖尤斯第一个发现了有可能成为世界宗教的新教义。他的苦难遭遇证明了犹太基督教对这个宗教世界化的反对的强烈。他们只愿意它在本国居统治地位,只允许本族人加入。

罗马的瘟疫

他们痛恨对犹太人和非犹太人一视同仁的宣扬灵魂拯救的人。保罗最后一次来耶路撒冷时，幸亏有罗马护照，否则一定会被怒气冲天的同乡撕碎，落个和耶稣一样的下场。

但是，派半个营的罗马兵"保护"保罗，把他带回港口城市，然后乘船回罗马参加审判是必要的，虽然那著名的审判一直没有发生过。

他死了没几年，他一生担心又不断预言的事终于发生了。

罗马人摧毁了耶路撒冷。丘比特的神庙替代了耶和华庙，城市改名为"爱利亚首都"，朱迪亚也成了叙利亚巴勒斯坦的罗马省份的一部分。当地居民或被杀害或被驱逐，废墟方圆几英里内，禁止居住。

这座圣地给犹太基督徒带来的深重灾难终于结束了。以后的几百年里，在朱迪亚内地的小村子里有一些怪人，他们以"穷人"自称，以极大的耐心和夜以继日的祷告等待世界末日的到来。他们是耶路撒冷老犹太基督教的余党。他们的情况在十五、十六世纪的书中有记载。他们远离文明世界，形成了以对门徒保罗的仇恨为宗旨、怪诞而又自成体系的教义。大概七世纪时，自称拿撒勒人的他们绝迹了。他们被伊斯兰教的胜利者消灭了。不过，即便他们不死也无法让历史逆转。

罗马把四面八方尽收麾下，政治上中央集权，让世界接受一个统一宗教的条件已日趋成熟。基督教简单实用，教徒可以直接与上帝对话，所以一定会成功，而犹太教、米思拉斯教等其他参与竞争的教派肯定要失败。但可惜的是，新信仰自身的一些弊病并没有完全摒弃,它明显与它的宗旨相悖。

保罗和巴纳巴斯乘一叶扁舟从亚洲来到欧洲,带来了希望和仁慈。

可船上还藏着一个家伙。

它那神圣、高洁的面纱下是残忍和仇恨的面目,它的名字是——宗教的专横。

上帝的晨光

早期的教会是非常简单的组织,当人们明白世界末日不会立刻来临,最后的审判日也不会在耶稣死后立刻降临,基督教还要在泪谷里继续挣扎很久,便开始觉得应该建立一定形式的统治体系。

起初,因为都是犹太人,基督徒聚会地是犹太教堂。由于犹太人和非犹太人之间的隔阂,非犹太人在别人的空屋子聚会,有时找不到足够大的房子来容纳所有虔诚和好奇的信徒,便在露天或废石场集会。

开始会议都在周六举行。随着他们之间感情的恶化,非犹太基督徒废弃了星期六安息日,而把死者复活的星期日定为聚会的时间。

仪式很庄严,体现了公众的特点和感情。没有不变的讲演和说教,没有教士,所有人(不论男女)只要感到内心被圣火激励都可以祈祷、忏悔。按照保罗的描述,他的心中之所以对未来充满了希望是因为这些信徒们雄辩的口才。他们大部分是平民,没什么文化,所以,他们的即兴发言是发自内心的,这一点毋庸置疑,但他们经常激动地大喊大叫,像疯了一样。教会虽然受得了迫害,但承受不了人们的冷言冷语,于是,保罗、彼得及其继承人不得已只好大费周章地维持秩序，平息人们因急于表达精神世界和神圣热情而引发的纷乱。

开始时，因为规章制度和民主精神互相矛盾，这些努力成效很小。但是，最后人们还是从实际出发，同意集会按固定仪式进行。

为了安抚可能在场的犹太基督徒，集会开始先唱一首赞美诗。然后，所有教徒高声歌唱为罗马和希腊崇拜者新近创作的歌曲。

演说是唯一预先拟好的耶稣的著名祷文，它倾注了耶稣一生的哲学思想。但几百年来，布道都是自发的，只有感到内心有话说的人才能登台说教。

但是，随着集会越来越频繁，一直对秘密团体高度警惕的警察开始注意并干涉了，因此必须推选某些人来代表基督徒和外界打交道。保罗曾对这些领导的才能做过高度的评价，他用惊涛骇浪中的小舟来比喻他在亚洲和希腊走访的小团体，要闯过波涛翻滚的大海，就一定要有绝顶聪明的舵手。

于是，这些虔诚的基督徒们又聚在一起，选出男女执事。早期基督徒关心的事情中有一件是要照顾病人和穷人的生活，选出的男女执事不但要做到这一点，而且要把集体财产管理好，还要处理日常生活中的各种烦琐小事，他们就是整个团体的"佣人"。

后来，教徒越来越多，管理工作也越来越复杂，必须选出专门的执事，被推举担当此任的是几位"老者"。希腊叫"长老"，我们的称呼就是"神父"。

又过了几年，教堂遍布每个村庄和城市，这时必须制定人人都要遵守的纲领。大家又选出了主教，让他们监督教区的工作，并代表教区与罗马政府交涉。

不久，帝国的各主要城市像安提阿、君士坦丁堡、耶路撒冷、迦太基、罗马、亚历山大和雅典都有了主教这种著名的当权人物。

最初，耶稣生活、罹祸、去世并受尊敬的广大地区都由主教掌管，但是，耶路撒冷被毁、期待世界末日和天国成功的一代人从地球上消失以后，不幸的老主教在他狼藉的宫殿里被剥夺了原有的权威。

"总监"顺理成章地成了虔诚信徒的首领，"总监"就是罗马大主教，他住在文明世界的首都，守卫着西方大圣徒保罗和彼得当年殉教的地方。

和别的主教一样，他也被称作"神父"或"圣父"，这是对圣职人员的一般称呼，表示热爱和尊敬。但以后的几个世纪里，在人们心目中"圣父"这个头衔变成了主教管区首领的代名词，人们口中的"圣父"指的不是君士坦丁堡的主教或迦太基的主教，而是罗马大主教，即教皇。这种变化是很自然的。就像我们在报纸上看到"总统"一词，无须在前面加"美国"一样，因为我们知道这里指的是政府首脑，而不是别的什么宾夕法尼亚铁路局长、哈佛大学校长或国联主席。

"教皇"这个词最早被载入史册是在258年。当时，帝国的首都还在罗马，皇帝篡夺了主教的权力。但之后的三个世纪中，恺撒的后代不断受到内忧外患的威胁，于是开始寻找新的更安全的地方。他们找到了拜占庭——国土另一端的一个小城，坐落在几条割开欧亚大陆的海峡之畔。它的名字来源于一个传说中的名为拜扎斯的英雄，据说，特洛伊战争结束时间不长，拜扎斯曾在这里登岸，因此而得名。它紧挨黑海通向地中海的商业要道，控制着几家绝无仅有的工商业中心，是个商业重镇。斯巴达人和雅典人曾为它争得你死我活。

但在亚历山大时代以前，拜占庭一直是独立的。自落入马其顿之手后不久，就被罗马所吞并。

如今，经过一千年的财富积累，上百个国家的船只都聚集在了这个被称为"金号角"的海港里，这里自然地成为帝国的中心。

被抛弃的罗马的臣民任人宰割，任哥德人、范达尔人，天知道还有哪些野蛮人蹂躏。看到罗马的皇宫多年来空无一人，政府部门也陆续搬到了遥远的博斯普鲁斯海峡之滨。看到首都的居民却还要遵照千里之外的法律，他们感到已经到了世界末日。

但在历史的长河中，什么事都是有失必有得。皇帝走后，主教就成了城中的最高统治者，他们是实实在在的皇位继承人。

他们牢牢地抓住了这个难得的没有束缚的机会。因为意大利的所有学者为教会的声望和影响所吸引，使主教又成了精明的政治家。他们认为自己是大家的精神领袖，因此不用急于求成，而是采取潜移默化的方法，看准时机，出奇制胜。而不像许多人因为急于求成造成压力，匆忙决断，结果乱中出错，导致失败。

不过重要的是，主教们的目的只有一个，就是以顽强的毅力只向一个目标前进，他们所有的努力都是为了增加上帝的荣耀，为了使在人间代表上帝意愿的教会更加强大。

后来上千年的实践证明，主教们的努力没有白费。

当时，欧洲大陆遭到了野蛮人的血洗，在暴风骤雨的冲击下，结果是两败俱伤，整个帝国的围墙渐渐倒塌了，上千个像巴比伦平原那样古老的体制都如垃圾般零落了，只有教堂幸免于难，在各个时代尤其是中世纪，稳如磐石，岿然不动。

最终取得胜利的同时，也付出了巨大的代价。

基督教虽然"出身"于马厩，宫殿却成为它的"归宿"。它的初衷是抗议政府，但后来自称能使人和神沟通的神父却让所有的凡世俗人做到绝对服从；它本有变革色彩，但在不到一百年的时间里发展成了新的神权政治集团，古老的犹太国反成了幸福无虑的臣民自由的安乐窝。

然而这一切是合乎逻辑、肯定会发生的。下面我还要进一步说明。

大多数来罗马游览的人都会看到，在饱经沧桑的科利西姆的围墙里，有一块凹地，数千名基督徒在这里因为罗马的专制而牺牲。

但是，这些对新信仰倡导者的迫害，与宗教的专横无关。

迫害的根源是政治。

作为一个教派，基督教享有最广泛的自由。

但是，基督徒却公开以宗教道德为借口拒服兵役，甚至国难当头时还吹捧和平主义，而且在任何场合都肆意公开诋毁土地法，他们被当作国家的敌人处决了。

基督徒是按照自己心中的教义做事的，但普通的法官却不管这个，而且他们也根本听不懂基督徒对自己道德本质的解释。

毕竟是凡人，罗马的法官突然发现，他应召来进行审判，可是犯人的陈述让他觉得这些事根本不值一提，弄得他茫然了。长期的经验告诉他，应以超然的态度对待神学中争论的问题，他还记得很多皇帝命令公职人员对付新教派要世故、圆滑，于是，他使出浑身解数企图说理。可是争论涉及某个原则问题时，一切逻辑方法都失灵了。

是放弃法律尊严还是坚持国家最高权力的并不够格的绝对的惩治职能？这是行政长官面临的最后抉择。不过，那些教徒坚信生命的开始是在死后，他们为能离开邪恶世界到天国享受快乐而热烈欢呼，就连监狱和折磨也奈何不了他们。

于是，政府和基督徒之间爆发了痛苦而漫长的游击战争。我们没有全部关于死亡总人数的官方资料。在亚历山大的一次迫害中，三世纪的著名神父奥利金的一些亲戚被杀死了，据他说，"为信念而死的真正基督徒的数目是可以统计出来的"。

如果认真研究一下早期圣人的生平，就会发现很多充满血腥的故事，我们不禁产生这样的疑问：在血雨腥风中，一个屡遭迫害的宗教是怎样保留下来的？

不论我提供的数字是怎样，都会有人指控我是心术不正的骗子。对此我保留自己的意见，就让读者自己去定论吧。人们只要看一看德西厄斯皇帝和瓦莱里安皇帝的一生，就可以比较清楚地看清迫害最疯狂时罗马专制的本性。

另外，如果读者没有忘记，就连马可·奥勒留这样开明智慧的君主都不得不承认自己在处理基督徒问题上的无能，那么，那些处于帝国边远地区的默默无闻的小官的艰难处境就可想而知了——本想尽忠职守的他们，要么背弃自己就职的誓言，要么处死自己的亲朋好友，只因为这些亲朋好友违背了帝国政府的法令。即使这只是政府为保存自己而制定的几项简单法令。

同时，基督徒没有被异教徒表面伤感的伪装所迷惑，他们继续稳步扩大自己的影响。

4世纪后期，罗马元老院里的基督徒上诉说，在异教偶像阴影下的日子很伤感，请求皇帝霍希恩搬走胜利女神像。于是，在恺撒建立的宫殿里已矗立了四百年之久的神像从此客居他乡了。几个元老曾表示抗议，但以失败告终，还导致了一些人被流放。

这时，有人写信提出一个折中的方案，这个人是著名的忠诚爱国者昆塔斯·奥里利厄斯·希马丘斯。

"为什么我们异教徒不能与基督徒友好相处呢？"他问道，"我们站在同一片蓝天下，抬头能看见同样的星辰；我们脚踩同一块土地，各人选择寻求最终真理的道路不同又如何呢？生存的奥妙高深莫测，通向真理的道路千万条。"

其实，认识到这个道理、看出古罗马传统的开放政策受到威胁的人并不止他一个。在罗马胜利女神像搬迁的同时，立足于拜占庭的两个敌对基督教派发生了激烈的内讧。这场争执引起了有史以来最激烈的关于宽容的才智勃发的讨论。讨论的发起人是哲学家西米思蒂厄斯，当瓦斯林皇帝在这场正统与非正统的基督徒论战中袒护一方时，他虽然忠诚于祖先信奉的上帝，却也感到必须知道皇帝的真正职责。

他说："有一个美德之国，个人宗教信仰之国，任何统治者都不能在那里逞强示威。在这个国家里实行强制一定会导致建立在欺骗上的虚伪和皈依。所以，统治者还是宽容一切信仰的好，因为只有那样才能防止公众冲突。而且，宽容是神圣的，上帝自己就已经明确表明容忍多种宗教的意愿。上帝能够明白人类理解神圣玄机的方法，上帝喜欢被崇拜，喜欢基督徒的一种礼仪，希腊人和埃及人的其他礼仪他也喜欢。"

这确实是至理名言，可惜根本没有人听。

古代世界连同思想和理想都已经死了，任何时钟都不能让时间倒流，历史不可改写。生活意味进步，进步意味磨难。旧秩序迅速崩溃了，军队被外国雇佣成了叛徒。边境发生公开叛乱，野蛮人攻占了英格兰及其他边沿地区。

最后灾难爆发的时候，几世纪以来一直从事国家公职的聪明的年轻人发现，晋升之路只剩一条，就是从事教会生涯，别的路都被堵死了。在西班牙，地方长官的权力操纵在基督主教手中，只要从事有关基督教理论研究的基督教作家就会拥有广大的读者；如果愿意在君士坦丁堡皇庭里代表罗马教皇或愿意冒险到高卢、斯堪的那维亚博得野蛮人酋长的友情，外交官就会平步青云；要是当了基督教的财务大臣，还可掌管那片曾使拉特兰宫的占有者成为意大利最大的地主和最富有人家的飞快增长的领地，特别是可以大发横财。

在过去的五年中，我们见过很多本质相同的事情。直到1914年，那些好高骛远的欧洲青年人仍想跻身政府机关，在不同的帝国和皇家陆军、海军当官。他们把持法庭重要职位，掌握财政，或在殖民地当几年总督或军事司令官。他们不奢望富有，但他们的官职带来了巨大的社会威望，只要聪明、勤奋、诚实就能获得美满的生活和幸福的晚年。

战争接踵而来，旧封建结构的残渣余孽被它荡涤殆净，下层人民掌握了政权。原来的一些正式政府官员上了年纪，不能改变一生的习惯，便典卖了自己的勋章，遗憾地离开了人世。但大多数人都能相时而动。这些人从小接受教育，认为经商是非常丢脸的事而不屑一顾。也许做生意不足挂齿，但人们又总得找个职业谋求生计。很少有人为坚持信念而饿肚子，因此动乱后没几年，我们发现无数官员心甘情愿地做起他们以前鄙视的生意来，而且，由于他们中的很多人是官宦世家，指挥别人是易如反掌，因此，生意做得一帆风顺，生活比以前更好。

生意在今天的情形就是教会在十六个世纪以前的写照。

一些青年把自己看成是赫尔里斯神、罗米拉斯神或特洛伊战争英雄的后代，要让他们接受一个奴隶的儿子、一个朴素牧师的教诲实非易事，但他们非常渴望得到的东西，正是出身奴隶的朴素牧师所奉献的东西，所以如果双方都能智敏通达（也许就是这样），就能迅速地和睦相处，互相促进。表面的变化越大，就越一成不变——这是历史的又一奇怪法则。

"少数聪明人统治多数普通人"是从人类形成之时起，始终不可避免的一个规律。两种人在各个历史时期的称呼不同，代表力量和领导的一方称为帝国、教堂、骑士、君主；代表软弱和屈从的一方称为民主、奴隶、农奴、无产者。但是，无论是在莫斯科还是在伦敦、马德里和华盛顿，操纵人类发展的神秘法则是大同小异的，不受时间地点限制。它总是以怪异的形式或伪装出现，笨拙地给自己披上爱人类、忠实于上帝、造福人类的伪装，但它漂亮外表下的内心却埋藏并坚守着这样一个原始而严酷的真理：人的第一职责是生存。一些人对于人类出生于哺乳动物的世界的理论很反感,更不愿承认这一事实,他们用"实利主义者""愤世嫉俗者"等称呼我们,一直把历史当作娓娓动听的神话故事,所以当他们发现历史也是一门被其他事物的无可动摇的规律操纵的科学时,便万分诧异,他们可能还会反对平行线法则和乘法口诀表吧。

我奉劝他们对规律还是服从的好。

只有这样,历史对于人类才会有实用价值,而不只是一些人从种族偏见、部落的专横和广大居民的无知中坐收渔利的人的联盟。

如果谁不相信,就请到我几页前所写的这几个世纪的历史中去寻找证据吧。

请去研究一下最初四个世纪教会领导者的生平。

你就会发现,教会头目都出身于古老的异端社会,在希腊哲学家的学校里学过哲学,后来必须要选择一个职业来谋生,便迫不得已加入基督教,当然有几个受了新思想的吸引的人是诚心诚意的基督徒,而大部分人之所以由效忠凡世主人改为效忠天国统治者是因为那里晋升的机会多。

教会一方也是通情达理的,它并不追究新教徒加入基督教的动机,而且认真地对每一个人都做到仁至义尽。教会提供机会给那些向往庸俗生活的人,让他们在政界和经济界大显身手。教会给那些对信仰情深义重的人提供幽静的场所,让他们远离拥挤不堪的城市去思考生存的弊端,去追寻对灵魂的永恒幸福举足轻重的个人圣境。

这种信守上帝、潜心静修的生活方式在开始时显得逍遥自在。

在基督教成立的最初几百年里,只是对远离权力中心的普通百姓稍有约束。但当教会继帝国之后成为世界的主宰、成为拥有大片土地的强大的政治组织后，隐居生活的可能性就降低了，许多善男信女就开始向往过去逍遥自在的生活，那时做善事和祷告是所有真正基督徒的权利。为了追寻幸福，他们想人为创造条件，再回到过去在自然发展中形成的局面。

争取修道院式生活的运动最早出现在世界的东方，它对后来一千年的政治经济发展产生了巨大深远的影响，也为教会镇压不信教者和异教徒提供了一支忠实有用的突击队。

对此我们不必大惊小怪。

位于地中海东岸的文明古国具有悠久的历史，人们开始厌倦这种古老的文化。仅在埃及就有十种不同文化此起彼落，自从第一个居民在尼罗河谷住下来，这些文化就以不同方式循环往复，在底格里斯河和幼发拉底河之间的平原也不例外。路旁无数的庙宇和宫殿的废墟，证明了当时人们生活的空虚和徒劳无功的努力。基督教体现了欧洲青年对生活的期望，激发了他们的热情，因此被他们所接受。但是，埃及人和叙利亚人对自己的宗教生活看法却不同。

对他们来说，宗教是一种盼望已久的解脱。他们怀着对死亡的快乐时辰的期待，逃避记忆，躲避现实，只与悲伤和上帝做伴，把存在的现实置之度外。

由于某种特殊的原因，改革对士兵总是充满诱惑。他们比所有人都更直接地接触到文明的野蛮和恐怖的一面。另外，他们还明白，没有纪律就一事无成。查理五世军队中的一个上尉是为教会而战的最伟大的勇士。他第一个把精神落伍者组成团体，他叫帕肖米厄斯，是个埃及人，曾在君士坦丁皇帝的军队中当过兵。一个叫安东尼的人和他来自同一个国家，这个人是一个隐居者组织的头目，帕肖米厄斯在兵役结束后加入了这个组织。他离开了城市，来到了沙漠同豺狗和睦相处。但隐居生活常常会使思想矛盾，引起某些可悲而过分的虔诚，如爬到古老的石柱顶上或荒芜的坟墓里度日，这会成为异教徒的笑料，使真正的信仰者悲伤。于是，帕肖米厄斯决定把这个运动建立在更为实际的基础上，他成了第一个宗教秩序的先驱。从那时起，即在4世纪中叶，住在一起的隐居者都要服从"最高统帅"，而"最高统帅"有权任命修道院的院长，有权把修道院称为"主的堡垒"。

公元346年，帕肖米厄斯死了。在他临终前，亚历山大时代的阿塔纳修斯主教把他的修道院思想从埃及带到了罗马。成千上万的人开始借机逃离现实，逃避它的邪恶和无休止的勒索。

欧洲的气候和人们的本性，使创始人必须根据实际情况修改原来的目标。这里的天气不像尼罗河那样好，冰天雪地，饥寒交迫，而且西方人很现实，在他们看来，神圣的东方理想龌龊不堪，没有丝毫启迪作用，反而让他们觉得恶心。

意大利人和法国人扪心自问，"教会早期呕心沥血所做的善事又得到了什么呢？难道住在深山老林的潮湿帐篷里禁欲苦行就能使寡妇、孤儿和病人从中受益了吗？"

西方人想把修道院体系改变得更加合理，而这都得益于本尼迪克特，通称圣人本尼迪克特。他是纳西亚镇人，住在亚平宁山脉。曾在罗马求学，但这座城市使他的基督心灵感觉非常恐怖。他逃到阿布鲁齐山的苏比亚克村，躲在尼鲁时代的一座古老乡间行宫里。

在那里他过了三年与世隔绝的隐居生活，便美名远播了。一些愿意和他接近的人很快就名扬天下。于是许多隐居者慕名前来，多得足以再组建十几座修道院。

于是本尼迪克特离开了乡下的住所，成为修道生活的制典人。他首先立法，所有的法令都显示出了他的罗马血统。那些曾发誓遵守他制定的院规的僧人别指望无所事事，他们不但要做祝福和祷告，还要耕田种地。干不了体力活的老年人负责教育年轻僧人如何做一个好的基督徒和有用的公民。他们恪尽职守，使本尼迪克特的教育千百年来独树一帜，在中世纪的很长时间里有资格和权力教育培养才能卓著的年轻人。

僧人们得到的回报是体面的衣服、丰富可口的食品和舒适安逸的床铺，每天没事的时候还能睡两三个小时。

但是从历史的角度看，最重要的是，僧人是上帝的奴仆，不是逃离现实世界和义务为来世灵魂祈祷的凡夫俗子。在漫长痛苦的试用期内，他们必须使自己

本尼迪克特

名副其实，并成为传播上帝王国力量和荣耀的骨干精英。

在欧洲对不信教的人传教的初步工作已经完成，为了巩固教徒的成果，他们必须得到当地民众和官员们有组织的支持拥护。于是，僧人们扛着铁锹和斧头，捧着祷告书来到德国、斯堪的那维亚、俄国和远方冰岛的不毛之地，耕耘，收获，布道，办学，第一次为远方的土地带去了文明之音，在这以前，那里的人对这些只是道听途说。

罗马教皇是所有教会的最高执行首脑，他用这种方法激发了各种人的精神力量。

就像做梦的人能找到丛林中幽静的幸福一样，那些务实的人最终也会美名远播。所有的努力不会白费，它最终导致力量的增长。很快，执政者如果不能体察自称是基督追随者的要求，就有被推下台的危险。

取得最后胜利的方法很有趣，因为它表明基督教的胜利是事出有因，绝不像一般人想象的那样，是心血来潮迸发出来的浩荡宗教狂热的结果。

在戴奥里先皇帝时代，爆发了对基督徒的最后迫害。

奇怪的是，在借近卫军的力量统治欧洲的众多君主中，戴奥里先并不是最坏的，可是，古往今来统治者受到的非难他都没能幸免。其实，他连最起码的经济知识都一窍不通。

他发现自己的帝国正在瓦解、衰败，而且一落千丈。在罗马的军事体制内部有致命的弱点，这一点，一生戎马的他当然知道。这个体制把边防地区的防卫任务交给领地里早已丧失斗志的士兵，这些士兵变成了悠闲自在的乡下人，把白菜和胡萝卜卖给那些应该拒之门外的野蛮人。

这种风雨飘摇的体制戴奥里先无力去改变，为解燃眉之急，他把一些年轻机敏的战士组成一支新型野战军，一旦有人入侵，无论在什么地方，他们都能在几周内迅速赶到。

这个主意虽然很好，但像一切带军事色彩的主意一样，需要高额的费用，而这些费用要靠向内地百姓征税。正像他们预料的那样，这项活动激起了民愤，声称再缴钱就一无所有了。皇帝向百姓解释说他们误解了官方的意思，并且交给了收税官格杀勿论的权力，但一切都于事无补，因为老百姓辛辛苦苦忙了一年，最后却赔了本，便都背井离乡，聚集到城里或沦为流浪汉。可是，皇帝却干脆又颁布了一项法令用来解决实际的困难，他使各行各业都变成了世袭的职业，官员的儿子不管自己是否愿意也要当官，面包匠的儿子即使有音乐或典当天赋也要子承父业，水手的儿子即便在台伯河划船都晕船也一生不能改行。苦力虽然是自由职业者，但像奴隶一样行为受到限制，不得越境一步。这一切都表明古罗马帝国深深堕入了东方专制主义，已经到了极点。

一些人对法规是遵守还是违背完全根据自己的好恶，这是自信心极强的统治者不能容忍的。我们在评价戴奥里先对基督徒的粗暴时，务必记住，他已经进退两难，成千上万的臣民对他无比忠诚，可是他却不相信，认为他们只是在皇帝的庇护下醉生梦死，对国家的危难漠不关心。

早期的基督徒从未写过任何东西。他们认为花钱费时地写东西是徒劳无功的，因为他们期望世界随时灭亡，文学成果会在几年内付之一炬。遗憾的是，新教的预言并没有应验。经过百年的等待后，基督的故事被人添油加醋地口口相传，已经面目全非，教徒也因无法识别真伪而手足无措了。于是，人们感到有必要出一本权威性的书，把耶稣的传记和圣徒信件的原稿综合成一卷，这就是《新约》。

《天启录》是其中的一章，它里面有关于建立在"七山"之中的城市的引证和预言。在罗慕路斯时代，人们就知道罗马建立在七山之中。匿名作者谨慎地把那个城市称为他深恶痛绝的巴比伦，但帝国官员还是理解了书中的意思。在书中，那座城市被说成是"妓女的母亲"和"地球的污点"，沾满了圣人和牺牲者的鲜血，是一切恶魔的栖身地，是所有肮脏可恶的鸟类的卵巢……类似的不敬之词还有很多。

"一个可怜的狂热者想起了五十年来被害的许多朋友，他因为被怜悯和愤怒蒙蔽了双眼而口不择言。"这些言论可以这样解释。然而宣读这些言论是教堂庄严礼拜式的一部分，每周都要在基督徒聚会的地方传诵，旁观者自然会认为，它表达了基督徒对台伯河畔大城市的真实感情。我的意思不是说基督徒没有产生旁观者所说的感情的理由，我是说我们不能因为戴奥里先没有产生这种热情而责备他。

但这并是全部。

罗马人对"异教徒"这个从未耳闻的概念日益熟悉起来。最初，"异教徒"三字只是指那些愿意相信某些教旨的人，或用来指一个"教派"。但它的意思逐渐缩小到指那些不信仰教会权威制定的"正确""合理""真实""正统"的教旨的人，用圣徒的话说就是指那些"异端、谬误、虚假和永恒错误"的人。

因为几个死守旧信仰的罗马人被隔离在基督教徒之外,而且准确地说他们也得不到机会解释自己的观点,所以可免遭异端邪说的罪名。同样,《新约》中也有伤害皇帝自尊的话,比如"异端邪说是可怕的、邪恶的,像通奸、猥亵、淫荡、崇拜、巫术、怒火、争斗、凶杀、叛乱、酗酒",还有更多,出于礼貌,就不再多讲了。

所有的这些引发了摩擦、误解,接着开始加以迫害。基督囚犯挤满了罗马监狱,刽子手疯狂地杀害基督教徒,结果血流成河却一无所获。最后,黔驴技穷的戴奥里先放弃了自己的统治地位,回到家乡达尔马提亚马海岸的做罗纳,专心过起了逍遥自在的生活——在后院种大圆白菜。

基督徒最后的祈祷 罗马人迫害基督徒常用的方法就是把他们投到角斗场喂狮子等猛兽,以飨看台上欢呼的民众。而基督徒以祷告感谢神所赐的殉道的荣耀。

戴奥里先的继承者看到用武力消灭基督教是根本不可能的，便不再采用镇压政策，开始进行肮脏的交易，想靠收买人心来赢得敌人的好感。

在313年，基督教会首次得到了君士坦丁大帝官方的承认。

假如有一天我们有一个"国际历史修改委员会"，所有享受"大"字称号的，包括皇帝、国王、总统、教皇、市长，都要以特定的准绳来衡量，那么君士坦丁大帝最需要站在这个法庭前进行审慎研究。

君士坦丁是个狂野的塞尔维亚人，他疯狂地驰骋在欧洲的各个战场，挥舞着长矛从英格兰的沃克一直打到博斯普鲁斯海峡的拜占庭。妻子、姐夫、侄子都被他杀死了，他还屠杀了一些地位低卑的亲戚。即使这样，他还是赢得了"第二个摩西"的美名，亚美尼亚和俄国教会都推崇他为圣人。因为他在面临最强大的敌人莫克赞蒂厄斯时不知所措，心慌地为获得基督徒的支持而大加许愿。他死活都是个野蛮人，表面上虽然接受了基督教，但一直企图用蒸祭祀羊的五脏卜测未来。可是人们把这些都忘了，只看到了《宽容法》——皇帝用来保护可爱的基督臣民"自由表达思想和集会不受干扰"的权利。

我在前面已经说过，4世纪前叶的教会首领都是实用政治家，他们终于让皇帝签署了这个值得纪念的法令，从而使基督教由小教派一跃成为国教。但是，成功是怎样取得的？他们知道，君士坦丁的后裔也清清楚楚，他们极力想用语言来掩盖真相，但机关算尽仍不能瞒天过海。

内斯特主教对狄奥西皇帝说："交给我吧，强大的统治者，把教会的全部敌人都交给我吧，我将给你天堂。和我们一起，把反对我们教义的人打倒；我们也将和你在一起，消灭你们的敌人。"

在过去的二十个世纪中，也有过别的交易。

但是这个不光彩的妥协使基督教从此大权在握，这种事在历史上是罕见的。

囚禁

在古代世界即将结束的时候，历史舞台上出现了另一个人物，他虽然英年早逝，但无愧于"圣徒"的称号。

这个人是君士坦丁大帝的侄子，331年出生于帝国新首都的朱利安皇帝。337年，名满天下的君士坦丁大帝死了，他的三个儿子为财产饿狼般地打作一团。

为了独裁产业，他们命令把住在城里和附近的皇亲都杀死。朱利安的父亲惨遭杀害。他的母亲在他出生没几天就死了，他成了孤儿，当时只有六岁。他和一个体弱多病的表兄相依为命，两人一起读书，给他们讲课的是待人热情、为人平庸的尤斯比厄斯主教，他们学的主要是歌颂基督信仰的内容。

孩子们渐渐长大，为免树大招风，重蹈小拜占庭王子的厄运，大家觉得最好把他们送到远处。于是，两个孩子被送到小亚细亚中部的一个小村庄里。虽然生活枯燥乏味，朱利安却有机会学到很多有用的东西，因为他的邻居都是凯帕多西亚的山里人，很朴实，还信奉传统的大神。

一个孩子在那里是不可能担当什么要职的，当朱利安要求能够潜心研究学问时，得到了批准。

他首先来到尼科姆迪，只有那里和为数不多的几个地方还在传授古希腊哲学。他的脑子里装满了文学和科学，从尤斯比厄斯那儿学来的东西都被挤掉了。

紧接着，他获准去雅典，在苏格拉底、柏拉图和亚里士多德待过的圣地学习。

与此同时，他的表兄被暗杀。他的堂兄君士坦蒂厄斯是君士坦丁剩下的唯一儿子，想到只有他和他的堂弟——朱利安，一个小哲学家，是皇族中两个唯一存活的男性，君士坦蒂厄斯便亲切地接朱利安回来，还让他娶了自己的妹妹海伦娜，并且命令他去高卢抵御野蛮人。

由此看来，朱利安从希腊老师那儿学到的东西要比嚼舌斗口更为有用。357年，法国受到阿拉曼尼人的威胁，朱利安在斯特拉斯堡附近把他们打得惨败，并用计征服了默慈和亲茵河。他住进巴黎，把自己喜爱的书装满了图书室，这时，平时不苟言笑的他也不禁喜形于色了。

皇帝听到了这个喜讯，不但没有点燃庆祝的焰火，反而制定了周密的计划除掉他，因为他成功得太过头了。

可是，朱利安在士兵中的威望很高，他们听到总司令要被召回（这是一种客气的邀请，回去就要被处死），便闯入他的宫殿，拥护他为皇帝，同时宣扬，如果朱利安拒绝就杀了他。

朱利安并不傻，欣然同意了。

在那时，通往罗马的道路仍然是易守难攻。朱利安以迅雷不及掩耳之势，抢先将部队从法国中部开到博斯普鲁斯海岸，在他就要到达首都时，突然传来消息，他的堂兄——君士坦蒂厄斯已经死了。

就这样，异教徒再一次成了西方世界的统治者。

说来也怪，像朱利安这样聪明的人，竟然认为已经死了的东西借助某种力量可以复活，伯里克利的时代可以复苏，只要把卫城的废墟重建，让人重新住进荒芜的学园，让教授穿上过时的宽外袍，让人们用五百年前就消失了的语言沟通，过去的一切就可以重现。这当然是无法实现的。

但朱利安要做的正是这些。

在他执政的两年短暂的时间里，他致力于恢复古老科学，而当时的人对这些是不屑一顾的，他想重新探索僧人统治的世界，那些僧人是文盲，认为全部有了解价值的东西都在一本书里，人们不能单独调查研究，否则不但会丧失信仰，还会引火（地狱之火）烧身；朱利安还想把有高度活力和热情的人的欢乐生活恢复过来。

他的处境危机四伏，比他还坚韧的人这时也会寝食难安、消极悲观。至于朱利安，他简直是晕头转向了，有一段时间，他还祈盼祖先的真知灼见能显灵。安提阿的基督平民向他投掷石块和泥土，他忍受了；头脑迟钝的僧人想激怒他，让迫害的悲剧再次上演，他却再三告诫下属，"不许杀任何人"。

363年，朱利安奇怪的一生因一支仁慈的波斯箭结束了。

对于这位最后的最伟大的异教徒统治者来说，这种结局是最好的。

他如果没那么早死，容忍力和对愚蠢的憎恶会使他成为最专横的人。"在我的统治下没有一个人因为见解不同而被处死。"他躺在病床上时也能坦然地这样想。可是,他的仁慈得到的回报却是基督臣民的永恒仇恨。他的臣民四处宣扬,说朱利安是被自己的士兵——一个基督徒军团的士兵射死的,还处心积虑地仿造了歌颂凶手的颂词。他们大讲朱利安死前是如何承认自己的错误和基督的权力的。朱利安是一位俭朴苦行、全心全意为臣民服务的正人君子,可是他的臣民为了诽谤他,绞尽脑汁,用上了4世纪盛行的所有贬义词。

朱利安被埋葬了,基督教的主教们终于可以自称为帝国的真正统治者了。他们立即对亚、非、欧的每个角落进行扫荡,对所有敌对势力进行摧毁。

从364至378年,正是瓦林廷尼安和瓦林斯兄弟执政,当时颁布了一项法令,规定严禁罗马人用牲畜祭祀旧天神。这样异教教士失去了经济来源,只能另谋出路。

不过这还算是轻的。狄奥多斯皇帝规定所有臣民既要接受基督教义,还要接受"天主教"的形式。他俨然成为天主教的保护神,帮助大主教对人们

朱利安皇帝信奉古代多神教,后被基督教徒谋杀。

进行精神垄断。

法律颁布之后,一切坚持"错误观点"的人,坚持"愚蠢的异端邪说"的人,忠实于"可耻教义"的人,都要自食拒不执行法律的恶果,被流放或被处以极刑。

从此,旧世界加快了走向灭亡的脚步。异教徒的庙宇在意大利、高卢、西班牙和英格兰已不复存在,要么被拆去建造桥梁、街道、城墙和瞭望塔,要么被重建为基督徒的会场。从共和国建立时就开始积累的成千上万座金银神像,不是被没收就是被偷走,遗漏的也被打得粉碎。

亚历山大的塞拉佩尤姆庙,六百多年来一直为希腊人、罗马人和埃及人所尊崇,现在却被夷为平地。从亚历山大大帝时就世界闻名的大学保存完好,并且继续讲授古代哲学,亚历山大主教下令保留这所大学,地中海各地的学生也都赶来求学。但当地教徒不管这些,他们闯进教堂,对柏拉图学派的最后一位教师海帕蒂娅严刑拷打、大卸八块后,扔到大街上喂狗。

罗马的情况更加糟糕。

罗马首都变成了一片废墟。丘比特的庙宇关闭了,代表古罗马信仰的经典著作《古罗马神言集》也被付之一炬。

在高卢,执政的是著名的图尔斯主教,他宣布旧天神是基督教义中魔鬼的化身,于是所有的庙宇都荡然无存了。

住在偏僻乡村的农民,有时会站出来保卫自己心爱的天神,却被赶来的军队称为"撒旦的叛乱",用斧子和绞架加以平息。

希腊的破坏进行得较慢。终于在394年,国家生活的中心——

奥林匹克运动被禁止了，其他活动也相继停止。哲学家被驱逐出境，最后，随着贾斯蒂尼安皇帝一声令下，雅典大学也关闭了，基金被没收。最后的六位教授为了谋生逃到了波斯。在那里他们受到了乔思罗斯国王的友好接待，过起了世外桃源般的晚年生活。他们的活动主要是玩棋——印度一种神奇新颖的游戏。

到了5世纪上半叶，克莱索斯陀大主教便毫不夸张地宣称："古代作者和哲学家的书已经在地球上绝迹了。"西塞罗、苏格拉底和荷马被扔在顶楼和地窖里，被人遗忘，更不用说所有基督徒恨入骨髓的数学家和天文学家了。他们要想重见光明要等到六百年以后，现在人们只能心惊胆战地对待文学艺术，任凭神学家的摆布。

用医学术语来说，这真是古怪的节食，但并不平衡。

虽然基督教战胜了异教徒，但是却没能摆脱困境。高卢和卢西塔尼亚贫苦农民大声疾呼要为自己的古老上帝进香，但他们是容易制服的。棘手的是，奥斯特罗戈斯、阿拉曼和朗戈巴德人争执得面红耳赤，他们争论的焦点是亚历山大教士利厄斯描绘的基督的真实面目是否正确、阿塔纳修斯——同一城市的里艾利厄斯的死敌是否错误；在是否坚持基督与上帝"并非同类，只是相像而已"的问题上，朗戈巴德人和法兰克人打得不可开交；为了证明内斯特所说的圣母玛丽亚只是"基督的母亲"而不是"上帝的母亲"的正确性，范达尔人和撒克逊人闹翻了；布尔戈尼人和弗利西人为承认或否认耶稣具有二重性，即半人半神而关系紧张。这些头脑简单的人虽然接受了基督教义，却误入歧途。但对他们不能按照一般戒律逐出教门，也不能用地狱炼火来吓唬，因为他们还是教会忠实的朋友和支持者。对他们必须好言相劝，指出他们的错误，使他们找回仁爱和献身精神并迷途知返。要解决问题，首先，他们必须有明确教旨，知道是非曲直。

人们要求把各种有关信仰的说法集中、统一，于是"基督教世界范围联合会"这个著名的集会应运而生。自从4世纪中叶，这种会议就不定时地召开，会上主要决定教义是对的，还是带有异端邪说的痕迹，应被指为错误、谬论和异端。

325年，在离特洛伊不远的尼西亚召开了联合会的第一次会议，56年以后在君士坦丁堡举行了第二次会议，第三次于431年在以弗所召开。后来，会议连续几次在查尔斯顿召开，在君士坦丁堡开了两次，在尼西亚开了一次，最后一次又在君士坦丁堡召开，那是869年。

从此以后，会议就在罗马或教皇指定的欧洲的任何一个城市召开。因为在4世纪，人们已经默认，皇帝在行使布置会议地点的权利的同时，要为忠诚的主教出路费，而且，对罗马主教提出的建议必须予以考虑和重视。我们无法知道第一次尼西亚会议是谁主持的，但以后会议的主持者都是教皇，圣会的决定不经教皇或其代表批准就无效。

现在，我们告别君士坦丁堡，到西部风调雨顺的地区走一走。宽容和专横的斗争始终是此消彼长，宽容在一方心目中是人类的最高美德，在另一方心目中却是道德观念衰弱的产物。这个问题我不想从理念角度谈，但必须承认，教会的拥护者在为残酷镇压异教徒的行为辩解时,讲得条条有理。

他们说:"教会和其他组织(如一个村庄、一个部落和一片森林)一样,必须有一名总指挥、一套明确的任何成员都必须遵守的法规和细则。一切发誓效忠教会的人也等于立誓要尊敬总指挥、服从法规。如果有谁做不到,就让他自食其果,从教会里滚出去。"

到现在为止,这些都是正确的。

今天,一个大臣如果不再信仰浸礼会教派的经典,可以改信美以美教派;如果出于某种原因对美以美教派的教旨也失去了信任,还可以转到别的教派,如唯一神教派、天主教派、犹太教、印度教和土耳其的穆斯林教。海阔凭鱼跃,天高任鸟飞,没有人反对他,除了他的饥肠辘辘的家人。

但这是轮船、火车和充满经济机缘的时代。

5世纪的世界却不如此简单,到处都充满了罗马主教的影响。当然,人们可以去波斯或印度,但路途遥远,往往九死一生,永远与妻儿天各一方。

既然人们觉得自己对基督的理解没错,那么迟早可以说服教会修改一下教旨,他们为什么不争取自由信仰的权利呢?

这正是症结所在。

早期的基督徒,无论是虔诚的还是异端的,都认为思想的价值不是绝对的,是相对的。

博学的神学家极力想解释无法解释的事情,为此,他们把上帝的本质归纳成公式,这是滑稽可笑的,就像数学家们为 X 的绝对值的争论把对方送上断头台一样。

但是，自以为是和自命不凡的风气四处弥漫，直到最近，在"人们不可能分辨对与错"的基础上，有人倡导宽容，他们在坚持自己的主张时还有生命之忧，没有多少人能够理解他们的意思，他们把自己的忠告都谨慎地隐含在拉丁文里了。

宗教法庭

保罗在位没有几年,到1198年,塞格尼公爵洛太里当上了教皇,他就是英诺森三世。

在所有主宰拉特兰宫的人中他是闻名显赫的。他继位时,是巴黎大学和布伦大学的高材生,富有、聪明、精力旺盛,年仅三十七岁。他雄心勃勃,善于权术,对于"不仅管理了教会,而且还控制了全世界"这句话,他是当之无愧的。

他赶走了驻罗马的帝国官吏,再次征服了由帝国军队控制的那部分巴尔干半岛,最后皇位继承人被逐出教会,可怜的王子身不由己,乖乖放弃了阿尔卑斯山东面的领地。这样,意大利被洛太里奥从日耳曼人手中解救出来。

著名的第四次十字军东征就是他组织的,但他却去了君士坦丁堡,根本没去"圣地"。他血洗了君士坦丁堡,把金银财宝洗劫一空,犯下了滔天罪行,以至于后来到希腊港口的军士因害怕而整日忧心忡忡,他们怕被送上绞刑架。英诺森三世不赞成这样做,因为这种悲惨行径使少数很有威望的基督徒灰心失望。不过,他是个务实分子,很能随机应变,他派一个威尼斯人去君士坦丁堡当主教,这招一举两得，既赢得了威尼斯共和国的好感，又使东正教再次落入罗马的魔爪，从此，拜占庭领地被威尼斯共和国看成东方殖民地，任其摆布。

在精神方面，教皇也颇有造诣和手段。

经过近千年的犹豫，教会终于决定，婚姻是一桩圣事，只有神父当众祝福后方能生效，它不再只是男女之间的民事契约。法国日菲力浦·奥古斯特和莱昂的阿方索四世

英诺森三世

曾经任意妄为，按自己的喜恶治理国家，很快得到警告，让他们不要忘了自己的职责，他们一生谨小慎微，立即按教皇旨意行事了。

甚至在基督刚刚传入的北方高地，人们对谁是真正的主人也有清醒的认识。同伙的海盗习惯称哈康四世国王为"老哈康"，他刚刚征服了一个小帝国，除了他所在的挪威外，还有苏格兰的一部分、冰岛、格陵兰岛、奥克尼群岛和海布里地群岛。在旧天主教堂加冕前，他必须把自己的身世向罗马法庭一五一十地交代清楚。

一年又一年，教会的势力根深蒂固。

保加利亚国王以屠杀希腊战俘为乐趣，间或还折磨拜占庭的皇帝。他对宗教思想没兴趣，但还是长途跋涉来到罗马，点头哈腰地恳请教皇承认他做臣仆。在英格兰，几个男爵用一些条款来限制皇帝，教会就很不高兴，宣布他们的宪章无效，理由是"它是靠武力取得的"，

然后，又因为他们带给世界的那份著名的《大宪章》，他们被逐出教会。

一切表明那些对教会的法律提出质询的朴实的纺织工和没文化的牧羊人，英诺森三世是不会轻易放过的。

但是毕竟还有一些有勇气的人，他们做的事，我们会看到的。

"异端邪说"其实令人费解。

异教徒几乎都是劳苦大众，没有搞宣传的本事。有时为了保护自己打击敌人，他们写点东西阐明意见，但掌权的宗教法庭派出的机敏鹰犬很快就抓住他们的小辫子，他们便大祸临头了。他们的敌人为了杀鸡骇猴，欺世盗名，也写文章揭露"新撒旦的反叛"，我们就是从这些文章和审判记录中了解了异端邪说的一点情况。

结果，对这些人的复杂形象，我们通常得到的印象是这样的：他们披头散发，衣衫褴褛，令人作呕；他们三餐是粗茶淡饭，只喝水，对崇高的基督食品沾也不沾；他们住在最破的贫民区的空地窖里；他们对女人退避三舍，每天念念有词，叨咕的全是救世主二次下凡的预言，他们谩骂教士的庸俗和邪恶，还恶意抨击万物的内在规律。

的确，很多异教徒让人反感，这或许是自以为是的人的天命。

很多人肮脏不堪，臭气冲天，以非神圣的热情追求神圣的生活。乡村平静安逸的生活，被真正基督存在的怪异思想搅得鸡犬不宁。

但是，他们的勇气、诚实、淳朴还是令人钦佩的。

他们耗尽了一切，却几乎一无所获。

长此以往，他们一事无成。

但是，世界的一切都逐渐组织化了。为了有所作为，就连坚决不相信组织的人也成立了一个"无组织促进协会"。喜爱神话、沉涵于感情中的中世纪异教徒同样如此。他们感到一种危机感，谋生的天性使他们团结在一起，并在自己神圣的教旨外面包上神秘的礼仪外衣做掩护。

但是，基督教的信徒却不能把这些教派区别开来。在他们眼中异教徒都一样，管他们叫肮脏的摩尼教徒或其他更为难听的名字，认为这样就可以搞定一切。

这样，中世纪的摩尼教徒成了当时的布尔什维克，当然，这并不是说摩尼教徒是一个纲领明确的政党，像苏联的统治力量那样。而是指一种含混不清的谩骂，就像房东因为开电梯的小伙计没有把电梯停在适当位置，就向他要房租，而小伙计诅咒房东一样。摩尼教徒在当时上等基督徒眼中是最令人讨厌的。而对此又没有真凭实据，就根据听来的只言片语对他们加以诽谤。在私下聚会中，这个方法倒很有成效，比一般的法庭审判速度还快，但准确率很低，制造了很多冤假错案。

摩尼教的创始人是摩尼，3世纪前叶他出生于一个名叫艾克巴塔娜的小镇子，他的父亲叫帕塔克，是影响力很大的财主，而摩尼是宽厚和仁慈的化身，所以可怜的摩尼教徒的情况越来越糟。

摩尼在底格里斯河畔受过教育，青年时代所处的环境就像今天的纽约一样，人们说着各种语言，他们道貌岸然、不信上帝，热衷于功利并充满幻想。他们从四面八方涌入美索不达米亚大商业中心，其中，有各种异端、宗教和教派的支持者。摩尼倾听着各种说教和预言，他把佛教、基督教、犹太教和古巴比伦迷信混合在一起，形成了自己的哲学。

摩尼教徒有时把教义扯向极端，假如不考虑这一点，摩尼只是古代波斯神话中的好、坏上帝的复苏。坏上帝总是和人的灵魂作对，摩尼把《旧约》中的耶和华看成万恶之神一样的魔鬼，把马太福中的"天父"看成万福之神。而且，（可以让我们联想到佛教）在摩尼看来，人的身体是邪恶的、龌龊的，人都应该不断磨砺体肤，空乏其身，以摒除凡心，才能逃脱万恶之神的魔掌，不被地狱之火烧为灰烬。他还恢复了许多禁忌，约束人的饮食，追随者的食物只是凉水、干草和死鱼。这后一项条令可能让我们很吃惊，他们认为冷血生物比陆地的热血亲族强，对人的灵魂损伤小些，所以这些人宁死不肯吃一块牛排，而吃起鱼来却毫无忌讳，津津有味。

摩尼轻视妇女，所以他一定是个东方人。他不准信徒结婚，主张逐步灭绝人类。

洗礼是犹太派创立的、洗礼者约翰发起的一种仪式，摩尼对这些仪式深恶痛绝。因此，即将就职的圣职人员只需行按手礼，而不必将身子浸入水中。

摩尼向全人类宣传他的思想时，只有二十五岁。他先到了印度和中国，传教工作相当成功。接着返回家乡，给自己的邻国带去教义的祝福。

教义的成功传播使波斯教士失去了大量秘密收入，这一点教士们已有所察觉。于是他们开始反对摩尼，要求处死他。保护摩尼的老国王死后，新国王不喜欢宗教事务，便把摩尼交给教士裁决。教士们把摩尼钉在城墙下的十字架上，还剥皮示众，对支持这个预言家异端邪说的人进行警告。

摩尼教会和领导人物的冲突越来越激烈，它分化瓦解。像众多的精神流星一样，预言家的零碎思想在欧洲和亚洲的大地广泛传播。在以后的日子里，在朴实无华的民众中引起巨大反响，民众不自觉地拾起了摩尼的思想，再三审视，发现它很适合自己的口味。

我不知道摩尼教是在什么时候用什么方法和途径进入欧洲的。

它很可能是经过小亚细亚、黑海和多瑙河流传过来的。然后它越过阿尔卑斯山，很快在德国和法国享有盛誉。"凯瑟利""过纯洁生活的人"是新教义的追随者给自己起的东方名字。苦恼的情绪迅速蔓延到整个西欧，这个词与"异端邪说"不相上下了。

如果认为"凯瑟利"因此形成了一个固定教派，那是错误的，根本没人要另立新教派。摩尼教的形式很特殊，一方面它的思想对很多人产生了巨大影响，但另一方面这些人却又坚持自己只是基督教会的虔诚儿子，这难以察觉，特别危险。

一些病菌在省级卫生部门的显微镜下就能看见，那么，由这种病菌引起的疾病由普通医生诊断也不是难事。

一些小生物在超紫外线照射下仍然能隐藏形迹，天神庇护我们不受它们的侵害，它们还要继承世界。

基督教的看法是：摩尼教是最危险的社会瘟病，它让高级人物的头脑充满恐惧，只有在各种精神苦恼到来时才会觉察到。

这种话是不能公开说的，但早期基督信仰的最忠实的支持者的确表现出了这种病的症状。比如十字军的杰出勇士圣奥古斯丁，他曾经身先士卒地把异教的最后堡垒摧毁掉，而据说他心里却偏向摩尼教。

385年，倾向摩尼教的西班牙主教普里西林被烧死了，成了《反对异教法》的第一个试刀鬼。

渐渐地，可怕的波斯教义连基督教会的头面人物也征服了。

他们开始对读《旧约》的不懂神学的人加以劝阻，并在12世纪宣布了著名的条令，规定所有神职人员都不许结婚。这些精神变革的头面人物身上很快留下了波斯理想的深刻烙印，最受人爱戴的艾西斯的弗朗西斯制定的新修道院条令，也具有严格的摩尼式纯洁的色彩，使他赢得了"西方释迦牟尼"的美誉。

就在一件早已注定的事情发生的时候，自愿贫穷和谦卑的高尚理想已逐渐深入人心；皇帝和教皇的战争一触即发；为争夺地中海珍贵的弹丸之地，扛着镶有十字架和苍鹰旗帜的外国军队拼得你死我活；带着从朋友和敌人那里掠夺的不义之财的十字军蜂拥回国；修道院的一群阿谀之徒深居在豪华的宫殿里；乘马车横冲直撞地穿过熙攘人群的教士正去饱享狩猎早餐。

法国的一个地方首先产生了对基督教现状的不满。这一点也不奇怪，虽然那里的古罗马文化传统维持时间最长，却始终没有把野蛮融化在文明之中。

在地图上我们可以看到一个由地中海、隆河、阿尔卑斯山组成的三角形的地方，这是普罗旺斯。腓尼基人的殖民地马赛一直是它的重要港口，这里的乡镇和村落大多比较富裕，有肥沃的土地，充足的阳光雨露。

普罗旺斯的民间歌手和诗人，在当时欧洲别的地方还沉溺于长发英雄条顿的野蛮故事时，就已经发明了一种新的文学形式，这就是现代小说的起源。由于普罗旺斯人与邻国西班牙和西西里都有密切的商业往来，所以他们能及时看到最新的科学图书，而这种书在欧洲北部却少得可怜。

在11世纪的前十年，普罗旺斯再现早期基督教的运动就已开始明朗化。

但不管怎样，这些都不能成为公开反叛的理由。一些小村落有人委婉地指出，教士应像教民一样朴素；他们拒绝随爵士征战沙场（古代的牺牲者，多么令人怀念啊！）；他们为了便于阅读福音书，要学一点拉丁文；他们公然宣称不赞成死刑；"炼狱"在6世纪耶稣死后，就被官方视为基督天国的一部分，而现在他们否认它的存在；而更重要的是，他们向教会分文不交。

只要一有机会，带头反对牧师权威的人就被查出来，如果死不悔改，还会被暗地里驱逐出教。

但是，邪恶继续蔓延。最后普罗旺斯的主教不得不集会，商量阻止这场煽动性骚动的办法。而到1056年他们的争执才停止。

事实证明，像逐出教会这种一般性的惩罚是毫无作用的。只要能在监狱铁窗里表现基督仁慈和宽厚的信条，这些朴实的乡民就高兴不已，如果有幸被判处死刑，就会像羊羔一样顺从地走向火刑柱。况且，一个牺牲者倒下去，马上有十几个怀抱圣念的人站起来。

教会的代表要用更残酷的方法加以镇压，而地方贵族和牧师由于了解百姓的本意，拒绝执行罗马的命令，他们说暴力只能使异教徒坚定反叛的决心，白白浪费时间和精力。这样的争吵持续了整整一个世纪。

这场运动在12世纪末期受到了来自北方的支持。

有一位叫彼得·沃尔多的商人，住在与普罗旺斯隔隆河相望的里昂小镇里。严肃持重、心地善良、宽宏慷慨的他一心想追随救世主，都有些痴迷了。耶稣曾说过，让富有的年轻人进天堂比让骆驼钻进针眼还要难。耶稣说这话时的真正含意，三十代基督徒绞尽脑汁也没有弄明白。彼得·沃尔多没有多想，读了这句话便深信不疑。他把自己的一切都分给穷人，然后退出商界，永远不再经商。

约翰写道："我们需要自己寻找圣经。"

二十个教皇对这句话加以评论，并小心地定出条条框框，规定一个凡人不经教士指点自己研究圣书需要什么条件。

彼得·沃尔多不同意这种看法。

既然约翰说了："我们需要自己寻找圣经。"

那好吧，他就要自己找找看。

他发现一些东西与圣杰罗姆的结论并不一致，便重译《新约》，并把译稿散发到普罗旺斯各地。

他的活动开始时并未引人注意，因为他渴望贫穷的热情好像没有危险，他很可能被说服，愿意为过艰苦生活的人建立一种新型禁欲条令，况且他还指责现在的修道院太奢侈舒服了。

罗马很会寻找一个适当的场所，供信仰过盛而常常闹出乱子的人来发泄。

但一切都要照章办事。这样普罗旺斯的"纯洁人"和里昂的"穷人"很令人棘手。他们不但没有把自己的做法告诉教皇，甚至还宣称没有职业教士的指点他们也能成为完美的基督徒，在自己的司法权力之处，罗马主教没有权力告诫人们应该做什么和信仰什么，就像培尔塔利的大公爵或巴格达的哈里发没有这种权力一样。

此时，教会进退两难，说句实在话，它犹豫了相当长的时间，最后终于决定对这些异端邪说采用武力。

如果一个组织认为，只有一种思想和生活方式是正确的，那么当它的权威受到质疑时，就一定会采取极端的措施。

如果教会做不到这一点，就有毁灭的危险，这强迫罗马立刻采取行动，制定出一系列惩罚条例，让以后的异教徒都心惊胆战。

阿尔比城是新教义的发源地，以它命名的异教徒阿尔比和沃尔多教徒（因其创始人彼得·沃尔多得名）在国家中没有较高的政治地位，他们不能很好地保护自己，因此被选中做第一批牺牲品。

普罗旺斯被一个教皇的代表统治了好几年，那里被他当作征服的领土。他作威作福，因此被人杀了。英诺森三世以此为借口来干涉。

为了讨伐阿尔比教徒和沃尔多教徒，他召集了一支正规十字军。

这是一支攻打异教徒的远征军，在四十天内志愿加入队伍的人可以得到这些恩惠：在欠债中免交利钱，赦免过去和将来的一切罪恶，在一段时间内不受一般法庭的审判。这一切可观的恩惠，北欧的人正求之若渴。

攻打普罗旺斯富足的城市可以得到精神和物质上的回报，不远千里到东方的巴勒斯坦打仗得到的好处和荣誉也就如此而已，北欧人当然会选择路程较短的地方去从军。

那时"圣地"已被遗忘，为了躲避地方长官，法国北部、英国南部、奥地利、萨克森和波兰贵族绅士中的败类带着所有钱财纷纷逃到南方，把一切灾难都推给了富裕的普罗旺斯人。

到底有多少人被十字军绞死、烧死、斩首或大卸八块？人们众说不一。有几万？我也不清楚。各地在正式执行大规模死刑后很少提供具体数字，一般来说在两千和两万之间，视城镇大小而定。

十字军占领贝济埃城后，士兵分辨不清谁是异教徒，谁不是，很为难。他们把这个问题送到随军的教皇代表精神顾问那里。

"孩子们，杀吧，把他们全部杀死。主知道谁是良民。"这家伙说。

有一个叫西蒙·德蒙特福特的英国人，他久经沙场，残暴无比，杀戮掠夺的方式层出不穷，是个嗜血狂。他的"功绩"得到的回报是大片刚被他抢掠过的土地，他的部下也都因"功"受赏。

只有几个沃尔多教徒幸免于难，他们慌忙逃入渺无人烟的庇耶德蒙山谷，在那里建立起自己的教会，一直到16世纪的基督教改革

宗教法庭的审判

运动。

还有比这更糟的，那就是阿尔比教徒。他们经过一百年的折磨和杀戮，从宗教法庭的报告中消失了。但三百年后，一个叫马丁·路德的撒克逊教士，把他们的教义稍做修改又卷土重来。掀起了一场宗教改革，打破了教廷一千五百年来垄断的历史。

当然，这一切都被英诺森三世机敏的眼睛识破了，他原以为困难已经结束，绝对服从的信条已经确立。《路加福音》中记载着一条著名的命令，说在一个晚会上，主人发现还有几个客人没有来，便对佣人说："去到大街上把他们拉进来。"现在这条命令又一次用上了。

"他们"（异教徒）被拉了进来。

现在教会首要解决的问题是怎样留住他们，这个问题直到多年以后才得到解决。

因为地方法庭不能完成使命，比如阿尔比教徒第一次造反时，欧洲其他首都陆续建立起特别调查法庭。法庭专门负责审判所有异端邪说，所以后来人们干脆称之为"宗教法庭"。

即使现在宗教法庭早已失去了作用，我们听到这个名字仍会心有余悸。我们好像看见哈瓦那的黑牢，里斯本的刑具室，克拉科夫的铁锅和烙人的刑具，黄色的兜帽和黑色的面纱，无数的囚犯慢慢走向绞架，而一个下额宽大的国王正面无表情地注视着他们。

这些令人发指的野蛮行径，被写入19世纪后期的通俗小说里，我们可以认为四分之一是作者的想象，四分之一是异教徒的偏见。即使这样，剩余的恐怖也足以证明，秘密法庭是文明世界不会被容忍的魔鬼。

在亨利·查理呕心沥血写成的八卷书中讲述了宗教法庭的活动。在这里我把它缩减成两三页，这当然不能精辟解释中世纪最复杂的问题，因为没有一个宗教法庭能和现在的最高法院或国际仲裁法庭相比。

不同的国家有不同的宗教法庭，不同的宗教法庭有不同的使命。

其中西班牙的皇家宗教法庭和罗马的圣宗教法庭最著名。而前者具有局限性，负责监督伊比利亚半岛和美洲殖民地的异教徒。

罗马的圣宗教法庭向欧洲各地伸出它的魔爪，在大陆的南北两面分别烧死了乔达诺·布鲁诺和圣女贞德。

准确地说，宗教法庭真的没有杀过一个人。

异教罪犯被宗教法庭宣判之后，便送到宗教之外的当局手里，他们可以用各种方式处置他。假如当局饶他不死，便会惹祸上身，甚至被逐出教会或失去教廷的支持。如果罪犯逃离了此难，没有被送到地方当局（这种事也发生过），那么他的磨难会更大，他会在宗教法庭的孤独牢房里苟延残喘。

许多无辜的囚犯大包大揽地承认一切罪名，是期望被判处异端邪说罪早日脱离苦海，他们不想在岩石城堡的黑洞里缓慢发疯而死，那比在火刑柱上了却残生更恐惧，更难受。

谈论这个题目很难不带偏见。

让人难以置信的是，在整整五个多世纪里，在世界各地，仅仅由于多嘴的邻居道听途说而深更半夜被人从床上拖起来的人成千上万。他们长年累月地被关在污浊的地牢里，眼巴巴地等待既不知姓名又不知身份的法官的审判。他们不知道自己的罪名和被指控的内容，也不知道证人是谁，不许联系亲属，更不准请律师。如果他们一再坚持自己无罪，就会受尽折磨直至四肢尽断，别的异教徒可以揭发控告他们，但是替他们说好话是没人听的。最后，他们会糊里糊涂不明不白地被处死。

更令人费解的是，已经死了五六十年的人也难逃厄运，他们被人从坟墓中挖出来"缺席"判罪，虽然已经死了半个世纪，但这样定了罪的人的后裔还是会被剥夺财产。

但这是事实，因为宗教审判官正是靠没收来的物品中饱私囊，因此这种荒唐的事绝不罕见，像因时隔两代的祖父做过某件事而致使孙子们被洗劫一空之类的事是数见不鲜的。

什么是暗探？读过二十年前沙皇俄国全盛时期的报纸的人都知道。这种暗探总是以引人注目的个性和"悲伤"的样子出现，扮成地道的小偷或改邪归正的赌徒，故弄玄虚地让人知道他是因为创痛才参加革命的，常博得真心反对帝国政府的人的信任，当他探到新朋友的秘密时，就会向警察局告密，拿到报酬后，转到另一个城市继续做肮脏的交易。

在13、14和15世纪中，南欧和西欧这些居心叵测的私人暗探到处都有。

他们靠告发那些据说抨击了教会或怀疑教义中的某些内容的人来谋生。

如果周围没有异端邪说，他们就要捏造几个。

他们心里清楚，不管被告多清白无辜，严刑拷打下也会屈打成招。

他们不会有任何风险，可以永远从事这种职业。

在很多国家中都有一种制度，人们可以匿名告发别人心怀鬼胎，这让人们感到恐怖。最后，连最亲近的朋友也不敢相信，心存戒心，即使一家人也不例外。

暗探造成的恐惧被掌管宗教法庭大量工作的托钵僧人充分利用，他们在二百年中搜刮了大量民脂民膏。

我们可以毫不犹豫地说，宗教改革的主要原因是这些盛气凌人的寄生虫已经使民众深恶痛绝了，他们披着虔诚的外衣，闯入本分人的家里，睡最好的床，吃最好的饭，嘴里还喋喋不休，说他们是座上宾，应当受到优待。而他们唯一的本领就是吓唬人，说如果得不到奢侈的享受，就把他们告上宗教法庭。

当然，教会可以这样答复，他们这样做的目的是起到思想健康检查的作用，防止群众受到错误思想的侵蚀。它还举例说明对受蒙蔽而误入歧途的异教徒既往不咎，甚至宣称除背教者和屡教不改者被处以极刑，没有其他人被处死过。

但这又能怎么样呢？

诡计可以使善民变为死囚，也可以使他披上悔过自新的虚伪外衣。

暗探和伪造者一直形影不离。

几封伪造的文件，对于奸细来说又有什么奇怪的呢？

求知的人

像古代高卢人一样，现代的不宽容可以分为出于懒惰的不宽容、出于无知的不宽容和出于自私自利的不宽容三种。

或许第一种最为普遍。在每个国家和社会各个阶层都能看到它，在古老镇子和小村子里更为常见，且不仅局限于人类的范围之内。

在考利镇的温暖马厩里，我们家的老马已安定地生活了二十五年，无论如何也不愿搬到相同条件的西港谷仓去，理由很简单，它熟悉考利镇的一草一木，每天在这里漫步感到舒适，不会受到陌生景物的惊吓。

波利尼西亚群岛的方言早已不复存在了，为了研究它，我们科学界花费了巨大的精力，可惜把狗、猫、马和猴等动物的语言忽视了。假如我们能听懂一匹名叫"杜德"的马的语言，就能知道它与考利镇的邻居说了什么，就能听到一场不宽容的激烈发泄。现在杜德已不是小马驹，早已经长大，所以至死都觉得考利镇的礼节、风俗习惯样样顺眼，而西港的情况则完全不同。

正是这种不宽容，它使父母不满子女的愚蠢行为；人们荒唐地向往"过去的好日子"；人们都穿着难受的衣服；世界充满了没用的废话；有新思想的人成了人类的敌人。

即便这样，相对来说，这种不宽容还是无害的。

我们迟早会因为这种不宽容而受罪。它在过去的几代中，曾使上百万人流离失所，现在又是它，使人迹罕至的地方出现了永久居民点，不然那里现在还渺无人烟。

更为严重的是第二种不宽容。

一个无知的人变得极其危险，就只是因为他的一无所知。

但更为可怕的是，他还为自己的无知措辞辩解。他在内心深处建立起了像花岗岩似的堡垒，以真理自居，站在咄咄逼人的要塞顶端，把所有持反对意见的人当作敌人，并发出挑战，质问他们活着的理由。

有这种苦恼的人苛刻而卑鄙。他们终年生活在恐惧中，很快变得非常残暴，以折磨他们憎恨的人为乐趣。"上帝的特选子民"的念头正是他们首先想到的。而且，他们是幻觉的受害者，总想象自己跟无形的上帝有某种联系，以此来为自己壮胆，使自己的偏激辩护更精彩。

比如，他们绝不会说："我们绞死丹尼·迪弗尔，是因为他威胁了我们的幸福，我们对他恨入骨髓，只是喜欢绞死他而已。"他们要凑到一起召开秘密会议，一连几个小时、几天或几个星期庄严地、仔细地研究丹尼·迪弗尔的命运，最后，宣布判决，也许只是犯了诸如小偷小摸等小事的可怜的丹尼就俨然成为犯有重罪的最可怕的人物，他竟敢违抗上帝的意志（这意志只秘密授予上帝的特选子民，只有他们才能理解），对他执行判决是神圣的光荣的使命，法官也因为有给魔鬼的同伙判罪的勇气而光耀门楣。

不管是忠厚老实、心地善良的人还是野蛮粗鲁、嗜血成性的人，他们都很容易被这个最为致命的幻觉迷惑，这在历史学和心理学上已经屡见不鲜了。

一千名可怜的牺牲者遭难，有一群群的饶有兴趣的围观者，这些人绝对不是杀人犯，他们是正直虔诚的老百姓，他们觉得自己是在上帝面前从事一件光荣的事。

假如有人提到宽容，他们不会赞成，他们认为这是在承认自己道德观念的衰退，是不体面的。可能他们本就不宽容，但在那时他们反而引以为荣，振振有词，因为丹尼·迪弗尔穿着藏红色衬衣和缀满小小魔鬼的马裤站在阴冷潮湿的晨光里，他缓慢而坚定地一步一步地走向刑场。示众结束后，人们就回到舒适的家里，饱餐一顿（主要是熏肉和豆角）。

这本身就足以证明他们所想的和所做的都没有错。

否则，他们怎么是观众而不是死者呢？

我承认这个观点不是无懈可击的，但却很常见，也很难反驳，人们要是对自己的思想就是上帝的思想深信不疑，就不会明白自己会有什么错误。

由自私自利引起的第三种不宽容实际是嫉妒的一种表现，像麻疹一样普遍。

来到耶路撒冷后耶稣告诉人们，凭宰杀十几只牛羊是得不到万能的上帝的眷顾的，于是所有的以典礼祭祀为生的人都说他是危险的革命者，在他还没有从根本上触犯他们的利益时，就想办法处死了他。

几年后，艾菲西斯的珠宝商靠制作和贩卖当地的黛安娜女神的塑像大发横财，圣保罗到这里后，宣扬一种对珠宝买卖有威胁的新教义，为此金匠行会差一点用私刑教训这个讨厌的入侵者。

一些人靠某种已经建立的崇拜谋生，另一些人却要把他们从一个寺庙引到另一个寺庙，他们之间的战争一直是公开的。

在讨论中世纪的不宽容时，我们千万不要忘了是在对付一个异常复杂的问题。只是在个别特殊情况下我们才会遇到三种不宽容中的某种单独表现，在引人瞩目的迫害事件中，通常都是三种情况同时存在。

一个组织如果拥有了雄厚的财富，掌管了大片的土地和统治了无数的农奴，他们顺理成章地要把所有的怒气都发泄在这些要重建朴实无华的"地上天堂"的农民身上。

阿拉里克率领野蛮人洗劫罗马

这属于第三种不宽容：出于自私自利的不宽容。把终止异端邪说变成经济上的需要。

但还有更复杂的问题，就是科学家感到了来自官方禁令的压力。

我们只有回到几百年前，看一看欧洲在一至六世纪所发生的事，才能理解对揭示大自然奥秘的人，教会所持的邪恶态度。

野蛮人的入侵像一股无情的洪水淹没了整个欧洲。虽然古罗马的几个国家还勉强在混浊的污水中矗立着。但城里的社会已经泯灭，无知的浪潮把书籍卷走，把艺术淹没。收藏馆、博物馆和图书馆里多年积累的科学资料全都被来自亚洲中部的野蛮人点了篝火。

我们只有一些公元10世纪图书馆的图书。至于古希腊的图书（除了君士坦丁堡，当时它还远离欧洲中心，就像今天的墨尔本那样远）即使在西方也所剩无几。说来让人难以置信，但这是事实。想熟悉古人思想的学者呕心沥血地寻找，只看到亚里士多德和柏拉图著作中个别章节的拙劣译文。除了几个希腊僧人，要学习古代语言也找不到老师，他们是在拜占庭的神学争吵中被迫逃到法国或意大利来的。

拉丁文的书籍倒是很多，但大多是公元4、5世纪的。仅存的几篇经过无数次随意传抄的古人手稿，而要看懂它，只有耗费毕生心血研究古代文学。

除了欧几里得的一些最简单的几何作图题可能幸免于难，其他的书籍都已不复存在，更可悲的是，人们也不再需要它们。

当时的统治者敌视科学，认为它们地位低下，没有任何实用价值，所以不为人们所重视，他们根本不鼓励独立钻研数学、生物学和动物学，更别提医学和天文学了。

这种情况，现代人根本理解不了。

20世纪的人尽管各自所处的角度不同，但都积极进步。虽然不知道自己的努力是否能使世界更加完美，但觉得应该试试，因为这是我们的责任。

的确，进步不可阻挡，这个信念有时成了整个国家的国教。

可是，处于中世纪的人却没有这种想法，也不可能有这种想法。

希腊曾经幻想建立一个充满乐趣的美好世界，但可惜只是昙花一现的美梦。它被席卷整个国家的政治动荡无情地摧毁了。悲观主义的阴影在希腊作家的身上笼罩了几百年，他们面对曾经一度是乐土的废墟，悲观地认为任何的努力，到头来都只不过是一场空。

另外，从近一千年延绵不断的人类发展历史中，罗马的作家发现了一种蓬勃向上的潮流。以伊壁鸠鲁为代表的罗马哲学家们，也积极地为更加幸福美好的未来教育下一代。

后来，基督教来了。

人们的生活中心转移到了另一个世界。人们从充满希望的现实立刻坠入黑暗的地狱中，绝望地逆来顺受。

当时的人无论是天性还是癖好都是邪恶的。他们沉溺于罪孽之中，在罪孽中出生、成长，最后悔恨地死去。总之，当时的人是低劣的。

但是，新的失望不同于旧的失望。

希腊人自认为比别人更聪明，受的教育也更好，同时还可怜那些野蛮人。他们从不认为自己与其他民族有任何不同，即使他们是宙斯的选民。

与此不同的是，基督教一直继承着祖宗的衣钵。基督徒把《旧约》当作圣书之后，便把不可思议的犹太教义继承了下来，他们自认为与其他民族"不一样"，有希望获得拯救的是信仰某种官方教义的人，否则注定要沉沦。

有些人很自以为是，认为自己是同类中仅有的佼佼者，那么上述思想当然会直接带给他们巨大的好处。这种思想在许多紧要的时候，使基督徒成为团结、独立的整体，能超然地漂流在异教横行的海洋中。

与向四方延伸的这片水域所连接的其他地方发生的事情，对特图利安、圣奥古斯丁和其他埋头抄写教义的人来说，都没有任何关系。他们最终希望在一处安全的海岸建起上帝之城。至于其他人要完成的事情，则与他们毫无关系。

因此，他们为自己创造了有关人的起源和时空界限的全新概念。他们对埃及人、巴比伦人、希腊人和罗马人发现的秘密兴味索然。他们确信，随着基督的诞生，过去一切有价值的东西都会分化瓦解。

比如关于地球的问题。

古代科学家认为地球是数十亿星球中的一个。

这个观点遭到基督徒的强烈反对。他们认为他们赖以生存的地球是宇宙的中心。

地球是特意为一群特殊的人创造的临时栖身地。它的来历并不复杂，在《创世纪》第一章描写得很清楚。

涉及人在地球上生活的时间的问题就比较复杂了。庞大的古物、掩埋了的城市、灭绝的怪物和已经变成化石的植物随处可见。对这些东西可以驳斥、置若罔闻、不承认或硬说不存在，之后，再确定创世纪的具体时间就非常容易了。

在这样的宇宙里，一切都是静止的，它从某个时刻开始，又在某个时刻结束。地球的目的是唯一的，根本没有人们探索求知的任何余地，因为数学家、生物学家、化学家等关心的只是一般规律和时空的永恒无限。

确实，许多科学家抗议说，他们虔诚地认为自己是上帝之子。但真正的基督徒都更清楚地认为，一个诚心热爱和忠诚于信仰的人，不会懂得那么多，也不会有那么多书。

只要有一本书就足够了。

那就是《圣经》，它里面的每个字，每个标点符号都是在神的指示下写的。

在这样一本所谓的圣书里，写有只言片语而又抽象的民族史，感情模糊的爱情诗，有些疯癫的先知描绘的虚无的梦幻，还有对因为惹恼了亚洲许多部落神灵的人连篇累牍的恶意痛斥。如果帕里克利时代的希腊人知道它的话，是不会感兴趣的。

但是，3世纪的野蛮人却极端崇拜"文字"。他们认为，"文字"是文明的一大奥秘，所以当他们信奉的一届教会把这本书作为完美的经典推荐给他们时，便诚惶诚恐地全部接受了，并把它看成人类已知和未知的一切，如果有人否认天国，在摩西和以赛亚规定之外进行探索，那他就会遭到痛斥和迫害。

为坚持原则而宁愿死去的人毕竟是少数。

但是，人们渴求知识的欲望是无法克制的，必须有地方发泄旺盛的精力才行。结果，后来被人们称为"经院学派"的另一株弱智的幼苗是求知和压制的矛盾冲突的产物。

这要上溯到8世纪中叶。小佩潘是法兰克国王，他的妻子伯莎生了一个儿子。小佩潘比善良的路易王更有理由被称做法国民族的恩人，因为为了路易王的获释，老百姓被迫交纳了大概八十万土耳其金币作为赎金，路易王恩准百姓建立自己的法庭来表示对百姓忠诚的感谢。

这孩子洗礼时取名卡罗鲁斯，他经常在古代宪章的结尾处签名。由于他对拼写一贯马马虎虎，所以他签字有些笨拙。他幼年时学过法兰克文和拉丁文，最后因手指不听使唤而被迫半途而废，他的手指因为在疆场上与俄国人和摩尔人搏斗得了风湿病。

这个久经疆场的老兵在整整半个世纪里只穿过两次"城市服装"，那是罗马贵族穿的外袍，但他还是以此为荣，但他真正知道学习的重要，把王宫变成了私立大学，教自己的孩子和其他官员的子女。

当时的许多名人簇拥着这位西方的新皇帝，能和他们一起消磨业余时间皇帝自己也很快乐。他极为崇拜学院式的民主，甚至放弃了礼节，还像大卫兄弟那样踊跃参加各种讨论会，允许最没地位的学者和他争辩。

他们讨论中感兴趣的问题，是田纳西州任何一所乡间中学的辩论小组都会选中的题目。

最起码这些人是天真的。如果说800年的情况确实这样，那么些1400年的情况还是这样。这并不是中世纪学者的问题，应该说他们的头脑和现代人一样敏捷。他们的处境和化学家以及医师有相似之处，可尽管他们有权利调查研究，但做法和主张却严格遵守1768年的第一版《大英百科全书》，理由并不复杂，当时的化学还不为人知，外科也常常与屠宰联系在一起。

结果（我的比喻有些混淆），就像在旧汽车的底盘上安一台罗尔——罗伊斯牌的现代引擎，一踏油门便出现一连串故障一样。虽然有超凡的智力和能力，但中世纪科学家试验的范围却很窄。等他能安全操纵、按规定驾驶这台古怪的新玩意时，已经变得非常滑稽了，即使浪费再大的精力，也无法达到目的。

当然，这些精英们对必须遵循的进度是非常恼火的。

为了摆脱教会爪牙的不停监视，他们想尽了办法。他们撰写了长篇累牍的著作，证明他们承认的东西的另一面，以暗示隐藏在深处的思想。

他们穿上奇装异服，屋顶挂满了鳄鱼，架子上摆满了装有怪物的瓶子，炉子里烧些气味难闻的草药……他们做出各种假象掩人耳目，把邻居从门前吓跑，让人们以为他们是与人无害的神经病，可以为所欲为、胡说八道，不必对自己的思想负很大责任。慢慢地，他们形成一整套科学的伪装，甚至现

扬·胡斯，15世纪捷克著名的宗教改革先驱，因批判罗马教会于1415年被处以火刑。

在我们也难以断定他们的真正目的。

几百年后的新教徒也和中世纪教会一样，对科学和文学毫不宽容，在这儿就不多说了。

虽然大宗教改革家们可以大声疾呼和咒骂，却始终没有把反抗付之于行动。

罗马教会则不然，它有实力把异己置于死地，而且时机一旦成熟便加以实施。

上面所讲的差别，对于那些喜欢抽象地思考宽容和专横的理论价值的人，倒也无关紧要。

但是，这个差别对于在"是当众宣布放弃信仰还是当众受鞭笞"的问题上不得不做出选择的可怜虫提出了一个非常现实的问题。

有时对自认为是正确的东西，他们也缺乏表述的勇气，而宁愿在《天启录》中野兽名称的纵横填字谜上花费时间。这一点，我们对他们也不必太苛求。

假如能回到六百年前，我肯定也不敢写现在这本书。

基督教改革运动

现代心理学教会了我们几件有用的东西,其中之一就是,我们做一件事的动机极少是单纯的。不论是向新大学慷慨解囊捐赠百万美金,还是对饥饿的流浪者一个铜子也不施舍;不论是宣称只有国外才有真正的智力自由生活,还是发誓永不再离开美国海岸;不论是坚持把黑称做白,还是把白称做黑;总有不止一种动机促使我们做出决定,这一点我们也明白。但是,要是能够面对自己和周围的人勇敢承认,那我们在大庭广众之下的形象就惨了。出于本能,我们总要从各种动机中挑选出最有意义和价值的一项,美化一番来迎合公众口味,然后公布于世,它被称为"我们做某件事的真正理由"。

这样大多数情况下可以蒙骗大家,但却骗不了自己,一分钟也不能。

这条让人难堪的真理人们都清楚,因为自从有了文明,人们便狡猾地达成共识,在任何公共场合都不得戳穿它。

我们怎么想,这是我们自己的事。只要表面一副道貌岸然的样子,心里就会满足,因此就十分愿意遵守"你相信我的谎话,我也相信你的"的原则。

大自然却没有礼仪的限制，它在我们的一般行为准则中绝对是个例，因此，它大都不能跨入文明社会的神圣大门。因为到目前为止历史只是个别人的消遣之物，所以可怜的女神克莱奥一直过着单调、乏味的生活，尤其与那些寒酸的同伴相比。她们自古至今一直可以自由地唱歌跳舞、参加每个晚会，这引起了可怜女神的无比愤恨，她不断地略施手段，意图加以报复。

报复是人类危险的天性，却要人类的生命和财产付出高昂的代价。

当报复这个女巫向人们揭露古老的成套诺言时，全世界的安宁幸福就陷入狼烟四起的动荡之中，整个世界被上千个战场所包围。骑兵团开始横冲直撞，漫山遍野的步兵成队地慢慢爬过大地。之后，人们要么回到家里，要么进入墓地，无数的金银枯竭得只剩下一文钱，国家一片荒凉。

正如前面所讲的，我们的同行目前已经明白，历史是科学，又是艺术。

宗教改革者的群体肖像

一种奇妙和自然法则支配着它，而到现在为止，这种法则只在化学实验室和天文台受到尊敬。于是乎，我们就搞起了科学大扫除，这异常有效，为子孙后代造福匪浅。

这使我们终于回到了本章开始时的题目：基督教改革运动。

直到前不久，对这场社会和思想的大变革的观点只有两种：全盘肯定和全盘否定。

支持前种看法的人认为，它是一次宗教热情的突然爆发，一些高尚的神学家对教皇卑鄙的统治和受贿大为震惊，他们就另建独立的教堂，把真正的信仰传授给诚心要当真正基督徒的人。

依旧忠于罗马的人不会有如此高的热情。

阿尔卑斯山另一端的学者认为，宗教改革是一场令人憎恶的反叛，几个卑鄙的王宫贵族阴谋闹事是因为他们不想结婚，还妄想得到本该属于教会圣母的财产。

跟从前一样，双方都对，又都不对。

宗教改革是各种各样的人出于各种各样的动机造成的。直到近期我们才明白，这场大动乱的主要原因不是宗教上的不满，事实上它是一场社会和经济革命，它是不可避免的，神学的因素是微不足道的。

菲利浦王子是一个无耻政客，他诡计多端，在向基督徒开战时接受了异教的土耳其人的帮助。让我们的后代明白这一点是很困难的，但让他们相信菲利浦王子是个开明统治者，他对改革后的教旨很感兴趣却容易得多。因此，几个世纪以来，新教徒就把一个心怀叵测的年轻伯爵美化成了宽宏慷慨的英雄,他希望得到的是黑森家庭取代一直掌权的哈斯堡家族,他们是世敌。

另一方面,可以用可爱的牧羊人来比喻克莱门特主教。他把日益衰竭的最后的精力都浪费在保护羊群不跟随错误头领误入歧途上。这比把他描写成典型的美第奇家族的王子容易理解得多,因为美第奇家族认为宗教改革是一群酗酒闹事的德国和尚不光彩的吵闹,并运用教会的力量为祖国意大利扩展利益。所以,如果在天主教的课本里看到他,我们一点不用惊讶。

这种历史在欧洲也许是必需的,但我们既然幸运地身处新世界,就无须坚持欧洲大陆先辈的错误,应该自由地得出自己的结论。

黑森的菲利浦是路德的好朋友和支持者,他虽然有远大的政治理想,但在宗教信仰上也是虔诚的。

他绝对不是这样。

1529年他在著名的《抗议》上签字时,他和其他签名者都知道,他们会遭到猛烈而残酷的打击,甚至丢了性命。这证明他具有超凡的勇气,否则就不会扮演他已经扮演的角色。

不过我要强调指出的是,历史人物受到启发做了一些事情的同时也被迫放弃了一些事情。对任何人,如果不深入了解他的各种动机,就很难甚至不能对他下断语。

"了解一切即宽恕一切"是法国的一句谚语,这种解决方法好像太简单。我想把它修改成"了解一切即理解一切"更恰当。善良的主在几世纪前已经把宽恕的权力留给了自己,我们还是让他去落实宽恕吧。

我们可以低调一点，尽量去"理解"。对于人类有限的能力来说，这已经足够了。

现在，我还是回到宗教改革上来，这个题目让我把话题扯远了。

据我的"理解"，这个运动最初是一种新精神的体现，它是前三个世纪里经济和政治发展的结果，后来人们称之为"民族主义"，所以，它和那个外来的国上之国是死敌。前五个世纪的欧洲各国对那个国上之国都是唯唯诺诺。

如果没有同仇敌忾，德国人、芬兰人、丹麦人、瑞典人、法国人、英国人和挪威人就不能紧密配合，他们团结成一体，形成的强大力量足以摧毁长期监禁他们的监狱围墙。

如果他们各个心怀鬼胎，没有因为一个伟大的理想而把私人的恩怨和野心收起来，宗教改革一定不会成功。

相反，它会变成一连串小规模的地方起义，一支雇佣军团和几个精力旺盛的宗教法官就可以不费吹灰之力地把它镇压下去。

改革领袖就会走上胡斯的老路，追随者们也会像沃尔登学派和阿尔比格学派的人一样被处死。教皇统治集团会记载下又一次轻松的胜利，接下来就是对造反派们施以施雷克里克式的统治。

虽然改革运动胜利了，但成功的范围却小到了极点。胜利了，对反抗者生存的威胁解除了，新教徒的阵营就分化成无数个敌对的小集团，在大大缩小的范围内犯着和敌人当权时同样的错误。

有一个法国主教，是个聪明绝顶的人，遗憾的是名字被我忘记了，他曾经说过，无论人类处于什么境况，我们都要热爱他。

作为旁观者，我们回顾一下历史，在近四个世纪的时光里，人们曾充满希望，但同时也陷入更大的绝望。那些无数的默默无闻的小市民，他们为了自己认为神圣的东西牺牲性命；起义的新教徒本想建立更自由开明的世界，却一败涂地。这一切都会让人们的博爱之心受到空前严峻的考验。

不客气地说，新教徒奉行的主义剥夺了这个世界上许多美好、高尚和美丽的东西，又制造了不少狭隘、可憎和粗陋的货色。它不是使人类社会更简朴更和谐，而是使它更复杂更混乱。但这一切与其说是宗教改革的过错，还不如说是大多数人的本身的弱点造成的。

他们不愿意鲁莽从事。

他们根本跟不上领导者的脚步。

他们也有善良的愿望，最后他们也会走上通往新世界的大道。但是，他们要选择最恰当的时机，而且，还要坚持祖宗留下来的传统。

宗教大改革原想摈弃过去一切偏见和腐败，在基督徒和上帝之间建立一种全新的关系，但是它的追随者们头脑中的中世纪包袱把它搞得异常混乱，进退两难，很快，它就发展成一个与它最厌恶的教廷组织一模一样的运动。

新教徒起义的悲剧就在这里，它不能从大多数拥护者的平庸中摆脱出来。

结果，西部和北部的人并没有取得期望中的长足进步。

宗教改革运动没能创造一个所谓永远正确的人，却贡献了一本完美无瑕的书。

不是出现了一个高高在上的当权者，而是涌现了无数个小当权者，每一个人都想当自己范围内的领袖。

它不是把基督世界分为两部分，统治者与被统治者或虔诚教徒与异端分子，而是制造出无数个分裂的小团体，他们没有丝毫共同点，还憎恨与自己意见相左的人。

它没有建立宽容的统治，而是仿效早期教会，一旦获得权力，就依靠数不胜数的宗教手册、教旨和忏悔筑起了一道坚固的防线，然后向反对他们社团官方教义的人公然宣战并无情打击对方。

在16世纪的思想发展中，这是必然的。

路德和加尔文这样的领袖的勇气，只能用一个说来相当吓人的词来形容：硕大无朋。

在德国有一位教授，是个朴实的多明我会僧人，住在一所偏远而又荒凉的潮汐学院里，他公然烧毁了一项教皇训谕，用自己的叛逆思想狠狠敲击了教会的大门。还有个法国人，虽然体弱多病，却完全不把教皇放在眼里，把瑞士的一座小村镇变成了堡垒。这些事例展示了人们的刚强坚忍的意志，是现代人望尘莫及的。

无法无天的造反者们迅速找到了自己的同党，只不过这些人都各怀鬼胎，想浑水摸鱼捞点油水，还好这不是本书要研究的问题。

这些造反者为良知以命相搏的时候，并不能预见未来的情况，没想到最后北部的大部分民族云集到了自己的旗帜之下。

而他们一旦卷入自己引起的风浪之中，就只能随波逐流了。

很快，他们的全部精力都花在怎样不被风浪袭击的问题上。千里之外的教皇最终得知，这场人所不齿的动乱是一个法国牧师的阴谋，要比多明我会和奥古斯丁僧人之间的争吵严重得多。教皇为了赢得民心，忍痛停建大教堂，开始商讨应敌策略。帝国的军队开始了行动,到处都是教皇的训谕和逐出教会的命令。造反派们无路可退,只有破釜沉舟。

伟大的人物在势不两立的冲突中丧失了平衡的概念,这在历史上不是初次。路德曾经大声疾呼:"烧死异教徒是违背圣灵的。"可是,几年后,每当想起邪恶的德国人和荷兰人竟然倾向于浸礼教徒的思想,他就恨入骨髓,疯了一般。

这个勇敢的改革者最初还坚持认为,人们把自己的逻辑体系强加于上帝是错误的,但最后,却把理论明显高他一等的敌人烧死了。

今天的异教徒明天就是一切持不同意见的人的劲敌。

加尔文和路德经常谈论,新的纪元冲破黑暗最终迎来曙光,然而他们却一直是中世纪传统的忠实后裔。

他们认为,宽容从来就不是什么美德,也不可能是美德。在无地容身的时候,他们还甘愿向信仰自由的神圣权力乞求,并以它为论点来攻击敌人。而一旦得胜后,这个深得信赖的武器便和其他很多善良的意愿一起,被当作废品小心地扔在新教徒仓库的墙角。它被忽略,被遗忘,一直躺在那里,多年以后,人们才从盛满旧式说教的木筒后面把它翻出来,然后捡起它,擦去污垢,又一次走向疆场,但使用它的人的本质与16世纪初期奋战的人迥然不同,变化极大。

但是,新教徒革命对宽容事业的贡献匪浅。不是革命本身取得的,这方面的收获确实很小;是宗教改革的结果间接地促进了各个方面的前进。

第一,它使人们熟悉了《圣经》。教会从未严禁人们读《圣经》,也没有鼓励常人去钻研这本书。如今,每个正直的人甚至于面包匠和烛台制造师都可以拥有一本圣书了,他们可以在工棚里独自研究,可以有自己的结论,完全不用担心在火刑柱上被烧死。

熟悉可以抵消人们在神秘事物面前因一无所知而产生的敬畏。宗教改革后的两百年间,《旧约》中的一切哪怕是巴拉姆的驴子和乔纳的鲸鱼,虔诚的新教徒都确信无疑。那些敢于怀疑即使是质询一个逗号(知识渊博的亚伯拉罕·科洛威斯的"带有启发性的"元音点)的人,也不敢让大家听到他怀疑的窃笑。并不是他害怕宗教法庭,而是因为新教牧师有时会让他的生活很忧郁,众说纷纭的指责会带来异常严重的经济后果。事实上这本书是一个小民族(由牧民和商人组成)的历史,对它长期不断的研究逐渐产生的后果是路德、加尔文及其他改革者没想到的。

如果他们预见到了,我能肯定他们会和教会一样,厌恶希伯来文和希腊人,小心翼翼地防止《圣经》落入凡人之手。到最后,越来越多的严谨治学的学生只是把《圣经》当作一本有意思的图书来欣赏。在他们看来,书中那些描写残忍、贪婪和谋杀的血淋淋的令人发指的故事是处于半野蛮状态的民族的生活写照,而不是在神的指使下写成的,这是他们根据内容性质做出的判断。

从此以后,很多人不再把《圣经》当作唯一的智慧源泉。一旦清除了自由思考的障碍,一千年来一直被阻塞的科学探索浪潮便沿着自然形成的渠道奔腾而去,二十个世纪以前被丢下后又一度中断的古希腊和古罗马哲学家的成果又从老地方捡了回来。

从宽容的角度来看,还有更为重要的一点,西欧和北欧被宗教改革从权力专制中解脱了出来,尽管这个专制在宗教组织的外衣之下，实际上却是罗马精神专制的再版。

这些观点，信仰天主教的读者很难同意，但他们对这场运动也会感激不已，因为它的发生是必然的，而且给天主教义也带来了好处。本来，天主教会这个神圣的名字已经成了贪婪和暴虐的代名词，所以教会才挖空心思，想扫清这些指责。

他们取得了辉煌的成功。

16世纪中叶以后，梵蒂冈对波尔吉亚人忍无可忍了。

1517年，德国宗教改革家马丁·路德在教堂门口贴出《九十五条论纲》，揭开了宗教改革的序幕。

当然，教皇没变，依然是意大利人。实际上，这种规矩是不可改变的，就像在古罗马时期受信任的大主教们，如果选一个德国人、法国人或其他外籍人当教皇，老百姓非闹翻天不可。

新教皇的选举是一件非常慎重的事情，候选人必须德高望重。新教皇在忠诚的耶稣会会士的辅佐下，开始进行彻底的大清洗。

不再有为所欲为的人的市场了。

修道院的神职人员必须按创始人定下的规矩行事。

在文明的城市里，再也看不到行乞的僧人。

人们不再对宗教改革不屑一顾，接踵而来的是对圣洁生活和行善事的热切向往，尽力帮助生活困难的不幸的人。

即便这样，教会还是未能收复失地。从地理上说，只在欧洲南半部保留了天主教，欧洲北半部的人则信奉新教。

不过，如果我们用图画来表示宗教改革的成果，那欧洲的实际变化就更清楚了。

在中世纪，有一座精神和智力监狱，那里包罗万象。

造反的新教徒摧毁了旧建筑，并用这些材料建立起自己的监狱。

1517年后，两座地牢建成了，分别是为天主教徒和新教徒准备的。

最起码，原计划是这样的。

新教徒想建立一个没有反对者的禁地，却以失败而告终，因为那需要长达几百年的进行迫害和镇压方法的训练。

窗子、烟囱和地牢的门口都成为大量桀骜不驯的囚徒的逃跑通道。

不久，整个地牢大厦崩溃了。

夜晚，石头、大梁和铁棍被异教徒整车搬走，第二天早晨，它们被他们用来建造了一座自己的小堡垒。堡垒的外表像极了一千年前格雷戈里大帝建造的一般监狱，但缺乏必需的内在力量。

堡垒一旦被投入使用，新的规章制度一旦被贴在门上，大批心有不满的信徒便蜂拥而走了。他们的上司（现在叫作牧师教长）对旧式执行纪律的方法如逐出教会、酷刑处决、没收财产和流放等一窍不通，只好无奈地站在一旁观望着已经下定决心的乱民。这帮乱党按照自己的礼堂所建立了一道防卫木桩，宣布了一套暂时迎合他们信仰的全新教旨。

这一过程反复无常,最后在不同的禁地形成了精神上的"无人区",在这里,求知者可以任意闲逛,正直的人们可以任意遐想,他们不会受到阻碍和干扰。

这就是新教为宽容事业带来的帮助。

人类的尊严由它重建。

微信扫码
☑ 拓展视频　☑ 图文资讯
☑ 趣味测评　☑ 阅读分享

蒙田

有人说中世纪的城市空气对自由是有益的。

确实是这样。

躲藏在高高石墙后面的人完全可以对男爵和教士不屑一顾,他们是安全的。

不久,欧洲大陆的条件有了很大的转变,国际商业又成为可能,于是,另一种历史现象应运而生。

用三个双字词组表示就是:生意益于宽容。

在一周内的任何一天,你都可以改变这个观点,尤其是星期天。

纽约不能像温斯堡和俄亥俄一样支持三K党。纽约人如果掀起一场运动,把所有的犹太人、天主教徒和外籍人都驱逐出境,华尔街就会乱成一团,劳工运动冲天而起,一切都化为废墟,无法收拾。

中世纪后半期正是这样,莫斯科是一个貌似公爵的小小伯爵的所在地,可以触怒新教徒,但是在国际商业中心的诺夫格罗德却要做事谨慎,否则就会惹恼前来做生意的瑞典、挪威、日耳曼和佛兰芒商人,他们就会被赶到维斯比去。

一个纯农业国可以泰然地用一整套丰盛的份饭来款待农民,但是，如果威尼斯人、热那亚人和布吕赫人在他的地方开始屠杀异教徒，那么代表外国公司的人就会立刻外流，然后抽回资金，城市就会陷于破产。

很多国家并不能从根本上吸取教训（像西班牙、教皇统治区和哈普斯堡的领地），依然被所谓的"对信仰的忠诚"所束缚，他们把信仰的敌人无情地驱逐出境。结果，它们不是灭门就是缩小到第七等国家。

不过，商业国家和城市的掌管人通常对既定事实都很尊崇，知道自己的利益所在。所以在精神世界上始终保持中立，天主教、新教、犹太人和中国主顾都能既照常经商，又继续忠诚于各自的宗教。

为了表面的光彩，威尼斯通过了一项反对加尔文教派的法案，但是十人内阁却谨慎地告诉宪兵，不必太认真地执行这条法令，让那些教徒各行其是吧，只要他们不真的动手把圣马尔可抓到他们自己的会场去，愿意信仰什么都行。

他们在阿姆斯特丹的挚友也这样行事。每个星期天，新教牧师们都大声斥责"淫荡女人"的罪孽。但是在旁边的街道里，在一个不起眼

蒙田，法国文艺复兴后期最著名的思想家、人文主义作家。

的房子里，可怕的天主教徒也在默默地做弥撒，外面还有新教警长巡逻，以防参加会议的有价值的法国和意大利客人被突然闯入的日内瓦宗教手册的狂热崇拜者吓跑。

这并不是说，威尼斯和阿姆斯特丹的人们已经不再是自己的可敬教会的忠诚信徒。和以前一样，他们依然是好天主教徒或新教徒。只是他们没有忘记，汉堡、吕贝克或里斯本的十个经商的异教徒的美好愿望的价值远远超过了日内瓦或罗马的十个寒酸教士的允许，因此，他们就方便做事了。

蒙田有开明、自由、不止一种的见解，而他的父亲和祖父却是经营鲱鱼的生意人，母亲是西班牙犹太人的后裔，把这两者联系起来似乎有些牵强，但是，照我看来，蒙田的观点受商人长辈的影响很大。作为战士和政治家，他一生的特点就是对盲信和偏执深恶痛绝，这要追溯到离波尔多主要码头不远的一家小鱼铺。

我如果当着蒙田的面这样说，他是不会感激我的，因为他出生的时候，一切"生意"的痕迹都从华丽的家族纹章里细心地抹去了。

蒙田的父亲为了让儿子成为绅士，便无节制地花钱。蒙田刚刚会走路，他可怜的小脑瓜便被私人教师塞满了拉丁文和希腊文。六岁的时候他被送到高级学校，不满二十岁，他就成为波尔多市议会中很成熟的一员了。

然后，他参军入伍，还在法院工作过。三十八岁时父亲死了，他从所有的外界活动中退出来，除了几次违心地短期介入政治，剩下的二十一年的时光都消磨在他的马匹、狗和书上面，而且都很有研究。

蒙田堪称划时代的人物，但也有几个弱点。他从没有从某些感情和礼仪中彻底摆脱出来，这个鱼贩的孙子相信这才是真正的绅士风度。直到死去的时候，他还一直说自己只是个乡村绅士，而不是真正的作家，只在冬天没有事情做的时候，才把一点稍有哲学内容的杂乱思想草草记下。这全是废话。如果说有谁把他整个的心、灵魂、美德和罪恶以及一切都献给自己的书，那这位开明的绅士就可以和不朽的达尔塔昂相媲美。

因为这个慷慨豁达、深有教养和修养的人也有心、灵魂、美德和罪孽，所以他的所有作品要比文学作品更胜一筹，它们以常识和实际的日常体面为基础，已经发展成为深刻的生活哲理。

蒙田从生到死始终是天主教徒，年轻的时候还加入过天主教贵族联盟，那是法国贵族为把加尔文主义逐出法国而成立的一个组织。

蒙田的命运在1572年8月决定了。教皇格列高里八世欢庆杀死三千名法国新教徒，从这以后，蒙田永远离开了天主教会。他一直没有加入另外一个教派，而且为了避免旁人饶舌，某些重大礼仪他还继续参加，然而自从圣巴塞洛梅惨案之夜以后，他的所有作品都与马尔库斯、奥里利厄斯、爱比克泰德或其他十来个希腊罗马哲学家的著作同出一辙了。有一篇题为《论良知的自由》，很值得缅怀，文章里的语气就像是出于古时帕里克利的同代人，而不是法国皇后凯瑟琳·德·美第奇的臣民，他还以背教者朱利安为例，阐明真正宽容的政治家应该取得的成绩。

文章很短，最多五页，在第二册的第十九章你可以找到。

蒙田已经看够了众多顽固不化的新教徒和天主教徒倡导的绝对

自由，在当时环境中，这种自由只会导致新的内战。但是，只要条件许可，那些新教徒和天主教徒睡觉时枕头下面不再放着手枪和两把匕首了，英明的政府就该尽量避免干涉别人的思想，应该允许所有臣民按照最能使自己心灵获得幸福的方式热爱上帝。

产生这种想法并大胆地把它公之于世的法国人很多，蒙田既不是第一个，也不是唯一一个。早在1560年，凯瑟琳·德·美第奇的前大臣麦克尔·德·豪皮塔尔和好几个意大利大学的毕业生就曾经说过，对异端者只适合用文字论战，他们因此被怀疑是受了再洗礼教的感染。蒙田的让人吃惊的观点是，良知有自己的本来面目，不

1572年8月24日前夜，亨利·吉斯血腥屠杀前来参加亨利婚礼的胡格诺教徒，史称"圣巴塞洛梅之夜"。

是武力可以改变的。两年后，他促成了《皇家宽容法》的诞生，这项法律使胡格诺教派有召开自己的集会、举行宗教会议讨论本宗教的事务的权力，俨然一个自由独立的教派，而不是仰人鼻息的小派别。

巴黎律师让·保丹保卫了私人财产，反对托马斯·莫尔在《乌托邦》里表达的共产倾向，是个令人尊敬的公民。他的观点也是这样，不赞成国王有运用武力强迫臣民进这个或那个教堂的权力。

很少有人欢迎大臣们的演讲和政治哲学家的论文，但以智慧之士座谈会的名义聚在一起的文明人却很推崇蒙田的书，他们阅读、翻译和讨论，达三百年之久。

由于他的业余身份和他只为乐趣而写作的说法的缘故，他深得民心，否则，他的那本被官方列为"哲学"的图书绝不会被人们或买或借来阅读。

布鲁诺

有一种很有根据的说法，世界大战是没有军衔的军官们的战争。将军、上校和三星战略家坐在某个没人光顾的大别墅的大厅里，守着孤独的光亮，凝视着长达几英尺的地图冥思苦想，直到想出一点新战术，然后有三千人以性命为代价换得半英里的领土，在同一时刻，在聪明下士的帮助和鼓动下，下级军官、中尉、下士却在做着所谓"黑活"，最后导致了德国边线的崩溃。

它与为精神世界的独立进行的伟大征战几乎没有区别。

没有投入数十万人的直接交锋。

没有破釜沉舟的冲锋，所以敌人的炮兵也失去了大显身手的靶子。

更进一步说，这次战役大多数人根本就不知道。出于好奇心，人们会不时地寻问谁在早晨烧死了，明天下午又将把谁绞死。之后他们或许会发现，为天主教徒和基督徒从心底下赞成的几项自由原则，几个亡命徒仍在抗争。但我认为，人们对这个消息只会稍感惋惜。如果落得如此下场的是自己的叔叔，那亲戚们肯定会悲痛万分。

为了自己的事业，他们献出了生命，而业绩不能简化成数字公式，也不能用安培和马力的概念表示。可能情况只会这样。

攻读博士学位的学生很勤奋，他们会认真阅读乔达诺·布鲁诺文集，耐心地收集一切感情丰富的言语，比如"人们想什么，国家无权干涉"和"社会不应该用剑惩处对通常公认的教理持反对意见的人"，通过它们写出易于被人们接受的论文，题目为《乔达诺·布鲁诺和宗教自由的原则》。

但是，对这样重要的课题不再研究的人，看问题的角度也有所区别。

在最后的分析中，我们说过，有一批虔诚的人起来反叛，因为他们对当时的宗教深表震惊，也为人们头上的枷锁所震惊，各国百姓被迫生活在枷锁之下。他们真是穷透了，几乎一无所有，连睡觉的地方都没有保证，只剩下背上的披风。但是，他们的心中有圣火在燃烧，他们到处奔波、演讲、写作，连高深学府的资深教授都被拉进他们的争论。在乡间普通的酒馆里，他们和乡巴佬进行普通的辩论，并坚持宣讲待人要善意、理解和仁慈。他们穿着破衣烂衫，提着书和小册子四处奔走，最后，要么在波美拉尼亚的穷乡僻壤患上肺炎悲惨而死，要么被苏格兰小村里的酒鬼私自处死，要么被车轮碾死在法国的大道上。

布鲁诺，意大利哲学家和思想家。

假如我说到乔达诺·布鲁诺,他的生活、思想和对自以为正确的东西所产生的不息热情,是所有先驱者的典型。当然,我并不是说他是这类人的唯一,但的确是一个很好的例子。

布鲁诺家境贫寒,只是个普通的意大利孩子,因资质一般,按照惯例被送到了修道院。后来也成为多明我会的僧人。因为多明我会教徒对所有的迫害行为都大力支持,而且都很机警,当时被称为"真正信仰的警犬",所幸布鲁诺与他们格格不入。异端者不用把观点写出来,只需一个眼神、一个手势、一耸肩膀,就能让追踪的暗探闻出味来,因此常常露出马脚,使他们与宗教法庭打上交道。

在布鲁诺成长的环境中,一切都要俯首帖耳,我也弄不明白,他为什么丢弃了《圣经》而捧起塞诺和阿纳克萨哥拉的著作,成了叛逆。但是,这个奇怪的新手规定的课程还没学完,就被逐出了多明我会,使社会上又多了一个流浪者。

他翻过阿尔卑斯山这个古老的山口。在此之前,有无数人冒险穿过这里,梦想在罗纳河和阿尔弗河交汇的大森林里找到美好的自由。

而他们又心灰意冷地离开了,因为他们发现所有人的心都被一个内在的精灵迷惑住了,而改变一个教义并不意味着一定要改变人们的心灵。

在日内瓦,布鲁诺住了不到三个月。城里到处都是意大利难民,他们给这个同乡弄了套新衣服,还找了份校对员的工作。晚上,他就开始读书写作,得到了一本德·拉·拉梅的书后,他觉得找到了志同道合的人。和他一样,德·拉·拉梅相信,只有打碎中世纪教科书中宣扬的暴政,世界才能进步。布鲁诺并没有自己的著名法国老师远,并没有把希腊人的教诲全盘否定。但是,早在基督出生前四百年写下的字句,为什么还能束缚着16世纪的人呢?这到底是为什么呢?

正统的信仰支持者回答他:"因为自始至终是这样。"

这个年轻的反传统观念者答道:"我们和祖先有什么关系,他们又和我们有什么关系呢?死者已矣。"

警方很快找到他,让他最好背起行李到别处去碰碰运气。

布鲁诺一直没有找到稍稍自由和安全的地方,让他生活和工作,所以无休止的旅行成了他以后的生活。从日内瓦到了里昂,又到了图卢滋。当时他已经开始研究天文学,成了哥白尼的热情支持者,在那个时代这是非常危险的,因为人们都在嚷着:"地球围绕太阳转动,地球只是普通的行星?呸!谁听说过这种胡言?"

图卢滋也让他感到不高兴。他横穿法国,徒步来到巴黎,然后,以法国大使私人秘书的身分来到英国。但是等待他的还是失望,英国的神学家并不比大陆的好。他们可能更实用一点,比如,在牛津大学,对违反亚里士多德教诲的学生,他们并不惩处,而是罚他十个先令。

布鲁诺变得爱讽刺挖苦了。他开始写一些短篇散文和对话。他的散文文采斐然却又非常危险;他的对话以宗教哲学政治为内容,把整个现存秩序弄得颠三倒四,使之受到细致但毫无奉承之意的检查。

他还向学生讲授他喜爱的学科:天文学。

但是，对于学生欢迎的教授，学院的领导是几乎不给笑脸的。布鲁诺再次被赶走。他回到法国，又到马尔堡。在那里，为虔诚的匈牙利伊丽莎白地堡里发生的化体的实质，路德和兹温格尔刚刚停止争论。

他人还没到，"自由派"的大名却早到了。他被禁止授课。维藤贝格算是好客的了，但加尔文的教徒刚刚把持了这座路德信仰的堡垒，此后，有布鲁诺自由倾向的人也失去了立足之地。

他又向南到了约翰·赫斯的地盘，想在那里碰碰运气，可等待他的却是新的失望。布拉格成了哈普斯堡的首都。哈普斯堡一来，自由便逃走了。再走回大路吧，到遥远的苏黎世去。

在苏黎世，一个名叫乔瓦尼·莫塞尼哥的意大利年轻人给他写了一封信，请他去威尼斯。我不明白布鲁诺为什么接受了邀请，或许是贵族名字的光彩把这个意大利农民迷惑住了，收到邀请后使他受宠若惊。

乔瓦尼·莫塞尼哥的前辈敢于蔑视苏丹和教皇，可他却不是这块料。相反，意志薄弱，胆小如鼠，在他家要被宗教法庭的官员带到罗马时，他连手指头都没有动一下。

威尼斯政府一直注意保护自己的权力。如果异国军队敢在他们的辖区内抓人，他们可能会发起战争，

布鲁诺之死

如果布鲁诺是个日耳曼商人或荷兰船长，他们或许还会强烈抗议。可是，他们有什么必要为了一个除思想外不能给城市带来任何好处的流浪汉而触怒教皇呢？

不错，他自称学者，他们也深感荣幸，但他们自己的学者已经足够了。

与布鲁诺作别吧，愿他的灵魂得到圣马可的怜悯。

在宗教法庭的监狱里，布鲁诺待了整整六年。

1600年2月16日，布鲁诺被烧死在火刑柱上，骨灰随风而去。

坎普迪菲奥利是他被行刑的地方，从这个短小而美妙的比喻中，懂意大利文的人能获得灵感。

太阳国王

18世纪常被称为专制的年代。无论多么开明的专制，在如今信仰民主的年代里也不是理想的政府。

历史学家总是说人类的好话，他们也会对路易十四国王伸出责难之指，让我们自己得出结论。在天主教和基督教势均力敌之时，这个聪明的国王继承了王位。经过一百年的相互残杀（基督教吃了亏），两派终于停止战争，双方许诺，尽管双方互相不受欢迎，但既然是躲不开的邻居和公民，就只能承认其存在。1598年，双方发布了"永久的和不可改变的"《南特法令》，其中包括达成的各项协议，即：天主教为国教，基督教享有充分的信仰自由，不得因其信仰而遭到迫害，还准许他们建造自己的教堂和担任公职。为表示对他们的信赖，基督教徒还获准掌管法国境内二百个要塞城市。

当然，这个安排是不可能实现的。胡格诺派教徒不是天使，交给敌视政府的政党二百多座繁荣的城市和乡村，简直就像我们交给民主党人芝加哥、旧金山和费城来换取他们接受共和党人的统治一样荒谬。

这一点被黎塞留看出来了，他是统治过这个国家的一个聪明人。

经过不懈的奋斗,他剥夺了基督教徒的政治权利,不过,虽然他的职业是大主教,却一点也不干涉他们的宗教自由。胡格诺派教徒没有机会与国家的敌人进行单独的外交谈判了,但他们享受的权利却没变,唱赞美诗,听布道,全都悉听尊便。

马萨林是下一个执行类似政策的法国统治者,但是1661年他就死了。年轻的路易十四开始当政,人心向善的时代终止了。

这个国王很聪明,可人们对他却议论纷纷,似乎非常不幸的是,他一生中只与正派人士被迫交往了一次,却落入一个叫弗朗斯·多碧娜的宗教狂的女人手里。这个女人是御用文人斯科隆的遗孀。在宫中,她是路易十四和蒙特斯丹的七个私生子的家庭教师,从此发迹。等到那位夫人的春药失效,国王开始表露出腻烦的时候,这位女教师就鸠占鹊巢。与以前国王的所有情妇唯一的区别是,她搬入国王的居室时,巴黎大主教为他们举行了隆重的宗教仪式。

在以后的二十年里,国王全部被这个女人操纵,而她又听凭她的忏悔神父的左右。黎塞留和马萨林对基督徒的和解态度始终没有得到法国的天主教神职人员的原谅。现在,这些神职人员终于有毁掉那些明智的政治家成就的机会了,于是大刀阔斧地行动起来,因为他们不但是王后的官方顾问,而且是国王

1648年的路易十四

的银行家。

这又是一个奇怪的故事。

在前八个世纪里，修道院把法国的大部分财富积攒了下来，他们拥有大量的剩余财产，因为他们不顾国库开支的日益增长，拒不向国家交税。荣耀比信誉大得多的国王陛下抓住了这个机会，把自己的金库重新填满了。作为报答，他给支持他的教士一点好处，他允许他可以随意向教会借钱，想借多少就能借多少。

这样就把不可更改的《南特法令》逐项地改变了。最初，基督徒还没有被禁除，但是，坚持胡格诺派事业信仰的人却不得安宁。据说有些省份里的错误教义非常顽固，龙骑兵的人马就去肆意横行，他们住在老百姓家，颐指气使，惹人厌烦。他们大吃大喝，偷走勺子和叉子，打破家具，调戏良家妇女，就像在被征服的国土上一样作恶多端。主人们极度失望，就冲到法庭请求保护，谁知却被嘲弄一番，还被说成是咎由自取，自己应该知道如何摆脱这些讨厌的来客，重新博得政府的好感。

听从劝告到附近的乡间牧师那里接受天主教洗礼的只是极少数人。绝大部分纯朴的人还是坚持自幼就信仰的理想。等到最后教堂次第关闭，教士被送上十字架，他们才知道命中注定要倒霉。他们不愿投降，想一走了之，但到边境后才知道任何人都不许离境，抓住就被绞死，连帮忙的人都可能要上绞架。

很明显，当时发生的事后人永远不得而知。

其实，从法老的时候起，边境都不时地被政府"关闭"，却总以失败告终。

只要不惜冒险，决意要走的人总可以找到路。通过"秘密途径"来到伦敦、阿姆斯特丹、柏林和巴塞尔的法国基督徒成千上万。当然，这些外逃者钱不多，但他们是以踏实肯干闻名的商人和艺术家，精力充沛，信誉好，没过几年便重新繁盛起来了。但法国在经济上却失去了无法估算的价值，所以这繁盛本来应该属于法国。

如果说取缔《南特法令》是法国大革命的前奏，是非常中肯的。

法国虽然一直很富有，但商业和宗教却从来没能合作。

法国的政权一旦被女人和教士所掌握，命运就已经注定。后来，写下驱逐胡格诺教徒法令的那支笔，又用来签署路易十六的死刑。

百科全书

有三种不同学派的政治家。第一种人提出的学说是："可怜的愚昧无知的人挤满了我们这个星球,他们不可以为自己着想,每当需要自己决断的时候,他们就头昏脑涨,被第一个游说拉票的政客引入歧途。如果某个了解老百姓思想的人能统治这些民众,那么不仅对整个世界来说是一件好事,而且因为不用再过问议会和投票箱的事可以全身心地投入到自己的车间、孩子、廉价小汽车和菜园,他们自己也会感到其乐融融。"

这种学派的信徒们成了皇帝、苏丹、巨头、酋长以及大主教,他们一般不会把工会看作是文明的主要部分。他们工作努力,修筑公路、营房、大教堂和监狱。

"普通人是上帝最高尚的发明,上帝具有无与伦比的智慧、审慎和高尚的动机,他有做一个统治者的权力。他完全有关照好自己的利益的能力,他想通过一个委员会来达到统治世界的目的,可众所周知,在处理国家的一些麻烦的问题时,这个委员会出奇地慢。所以人们应该把执政的事情交给几位可以信赖的朋友,他们能把全部时间用于为人们造福,因为他们不用总惦记着养家糊口。"这是第二种政治思想派倡导者的理论。

当然，这种灿烂理想的鼓吹者在逻辑上就是寡头政府、独裁者、第一执政官和贵族保护者。

他们拼命地工作，修筑公路和营房，但教堂却被他们变成了监狱。

但是第三种是用严肃的科学眼光观察人，能认清人的真面目的人民。他们喜欢人的优秀品质，也清楚他的局限性。通过对历史事件的长期观察，他们认为只要不受感情或自私心的影响，一般的人确实能竭尽全力做正确的事情。但是，他们不对自己抱任何不真实的幻想。他们知道生长的自然过程是非常漫长的，要想加快人们智慧的增长，那就像要加快潮流或季节的进程一样，只能是徒劳无益。他们被邀请参加一个州的政府，这是很难得的，不过每当有把他们的思想变成行动的机会时，他们就开始修筑公路、改进监狱，并把剩余的钱用在学校和大学上。正确的教育会逐渐消灭世界上遗留下来的部分年代久远的弊病，这一点这些乐观主义者坚信不疑，所以，他们不遗余力地支持这样的事业。

他们一般是写一部百科全书作为实现这个理想的最后一步。

有很多东西需要巨大智慧和极度忍耐力，而这类东西大部分起源于中国，第一部具有百科全书性质的书也是这样。中国的康熙皇帝想博得臣民的欢心，他想用一部五千零二十卷的百科全书来达到这个目的。

薄林尼是第一个向西方引进百科全书的人，他容易满足，书有三十七本就行。

在启蒙方面，基督教时代的最初的十五个世纪一点有价值的东西也没有发明。非洲人费利克斯·卡佩拉是圣·奥古斯丁的同乡，他耗费多年时间，完成了一本书，自诩是汇集了各种知识的宝库。他采用诗歌的形式，以便于人们能容易地记住他提供的许多有趣的事情。这是一大堆可怕的误传，可是，中世纪以后的十八代子孙却把它们当成文学、音乐和科学领域的定论记住了。

两个世纪后，一部崭新的百科全书又问世了，它出自于塞维利亚的一个叫艾西多尔的主教之手。从此，百科全书增长起来，速度是每一百年两本。我不知道这些书的情况怎样。蛀书虫大概当了我们的搬运工，在这方面它是最有用的家禽。假如这些书全部保存下来的话，在地球上，其他东西就没有立锥之地了。

最后，在18世纪上半叶，欧洲爆发了声势浩大的求知运动，百科全书的撰写进入了真正的天堂。和现在一样，这些书的著者一般是一些一贫如洗的学者们，他们每星期的生活费只有八美元，劳苦钱还不够买纸墨。特别是英国，更是这种文学的伟大国家，所以，有一个在巴黎生活的叫约翰·米尔斯的英国人，为了便于向路易国王的臣民们兜售他的作品，从中捞一把，就想把伊弗雷姆·钱伯斯的成功之作《万能辞典》译成法文。为了达到目的，他和德国的一位教授合作，又和国王的印刷商雷伯莱顿打交道，让他做实际的出版工作。长话短说，雷伯莱顿发现了这个小小的生财之道，于是故意敲诈他的同伙，赶走了米尔斯和那个条顿医生，然后自己继续盗印。即将出版的著作由他命名为《艺术与科学的万能百科全书辞典》，并且发了一系列颇能招徕顾客的漂亮书讯，很多人被吸引，很快预订单就排满了。

然后，他雇用法国中学的一名哲学教授做总编辑，买了大量的纸，接着就坐享其成。不幸的是，雷伯莱顿的如意算盘太简单了，等一部大百科全书可没那么简单。教授搞出了笔记，可这不是文章，预订者大呼小叫，要得到第一卷，一切弄得团团糟。

危急时刻，雷伯莱顿想起了几个月前出版的《医学万能辞典》很受欢迎。他把医学卷的编辑找来，当场雇用他。一本专科的全书就这样变成了《百科全书》。丹尼斯·狄德罗就是这个新编辑，这项本来艰苦乏味的工作变成了18世纪对人类的最重要的贡献之一。

那时，狄德罗三十七岁，他生活得既不安逸也不幸福。一个年轻体面的法国人应该做的事却遭到他的拒绝，他不愿意上大学。一离开耶稣会的老师，他就到巴黎当一个文人。经过短暂的饥寒交迫的生活，按照两个人挨饿和一个人挨饿是一样的逻辑，他娶了一个后来证明虔诚得吓人的、不可理喻的悍妇，这种结合并不像有人想象的那样少见。不过，他得养活她，因此，他不得不做各种千奇百怪的工作，编辑各种各样的书，从《关于美德与价值的探讨》到名誉扫地的修改薄伽丘的《十日谈》。但是，在他的内心，这个拜勒的学生对他的自由思想还是很忠实的。很快，像处于艰难时期的政府一样，政府发现了这个并不令人生厌的年轻作者，他非常怀疑《创世纪》第一章描述的创世故事，是一个重要的异教徒。结果，狄德罗被送进了万塞纳监狱，度过了长达三个月之久的监禁生活。

直到获释后，狄德罗才当了雷伯莱顿的雇工。狄德罗是当时最善辩的人。在这个终生事业中他看出会有出人头地的机会，仅是修改钱伯斯的旧资料简直是屈尊降贵。当时正是轰轰烈烈的思想活跃时期。好极了！雷伯莱顿的百科全书要让所有想得到的题目都具有最新消息，要让最有权威的人撰写每一篇文章。

狄德罗热血沸腾了，事实上，他说服了雷伯莱顿让他不限时间地全权指挥。然后，他列出了一个合作人的名单，在一张大页纸上开始写道："A：字母表的第一个字母"，等等。

二十年以后，虽然条件非常不利，但他终于写到了Z，完成了工作，这很少有人能做到。雷伯莱顿雇用狄德罗时，他原有的资本已经增加了，但他每年给编辑的钱从没超过五百美元。至于那些应该提供帮助的人，唉，情况也就可想而知了。他们不是当时很忙，就是下个月再说，或者要去乡下探望祖母。所以，教会和政府的官员们的谩骂让他痛苦，尽管如此，他还得亲自做大部分的工作。

现在他的百科全书的版本非常稀有了。原因是好多人要除掉它而不是得到它。一百五十年前，这本书就作为毒害颇深的激进主义表现形式被吞没在怒吼声里，但今天读起来，却像喂奶的器官一样枯燥无害。不过，对于18世纪更为保守的教士来说，这部书就像吹响的嘹亮号角，让人们走向毁灭、无政府、无神论和无秩序。

当然人们进行了指责，是那种屡见不鲜的谴责，指责总编辑是社会和宗教的敌人，既不信上帝和国家，又不相信神圣家庭关系，是个放荡的恶棍。但是，1770年的巴黎只不过是一个规模宏大的乡村，人与人之间都非常了解。"做好事，寻找真理"不但是狄德罗关于生活目的的主张，而且也被他作为座右铭并付诸实际行动，他敞开大门招待饥饿的人，为了人类每天工作二十个小时，除了要一张床、一个写字台和一叠纸外，从没有要求过任何回报。他纯正、朴实、努力地工作，是美德的典范，那些高级教士和君王们要从这个角度攻击他是很困难的，因为这正是他们所明显缺乏的。于是，官方就处心积虑地找他的麻烦，建立了一个谍报网，总在他的办公室附近打探情况，抄他的家，把他的笔记没收甚至有时干脆禁止他工作。

但是，他的热情并没有因为种种障碍而受到影响。工作终于完成了。就像狄德罗期待的那样，《百科全书》竣工了。有些人在某种程度上已经闻到了新时代的气息，认识到世界亟须全面彻底的大检修，他们重整旗鼓的转折点就是《百科全书》。

看来对这位编辑的形象，我有点夸大其词。但他毕竟还是狄德罗，衣着褴褛，聪明的朋友霍尔巴西男爵每星期请他去饱餐一顿的时候，他都高兴得忘乎所以。当四千册书销售一空时，他会感到满意吗？卢梭、达兰贝尔、杜尔哥、爱尔维修、沃尔涅、孔多塞等很多人和他是同时代的，他的声誉远远比不上这些人。但是，假如没有《百科全书》，这些好人的影响就无法发挥。这不仅是一本书，更是社会和经济的纲领。

作为《百科全书》主编、百科全书派的代表人物，狄德罗还是18世纪法国启蒙思想家和唯物主义哲学家。

它把当时领导人的真实思想告诉我们。它详细描述了很快就统治了全世界的那些思想。它是人类历史上的决定性时刻。

耳聪目明的人都知道，法国已经到了紧要关头，要避免即将到来的灭顶之灾，就必须采取某种严厉措施，然而这些耳不聋眼不花的人却不接受这种做法。他们全都顽固地坚持这个论调：和平只能靠严格执行梅罗文王朝的一套废弃了的法律来维护。当时，这两个党派实力相差很小，都按兵不动，这又导致了奇怪的复杂情况。法国在保卫自由中的作用是引人瞩目的，它给乔治·华盛顿先生（共济会成员）写了一封最亲切友好的信，并且为本杰明·富兰克林部长先生安排了愉快的周末晚会，富兰克林被别人称为"不可知论者"，我们称他为朴素的无神论者。这个屹立在大西洋岸边的同一个国家又与各种形式的进步为敌，只有在判处哲学家和农民都要过相同的枯燥贫困的生活时，才表现出不带任何偏见的民主意识。

最后，所有的一切全变了。

但是，变化的方式却是出乎意料，这次斗争是要把非皇廷的人在精神上和社会上的障碍扫清，但参加斗争的人却不是奴隶，这是极个别公正无私的人的活动，就像天主教压迫者对他们的痛恨一样，新教徒对他们恨入骨髓。所有诚实的人都能进天堂是那些无私的人的唯一的期望。

18世纪，保卫宽容事业的人属于某个特殊派别的人很少。为了个人方便，他们偶尔参加一些表面上的宗教活动，这些活动能把宪兵从写字台前赶开。但是就思想来说，不如说他们是生活在公元前4世纪的雅典或中国的孔子的时代。

和他们同时代的人大部分都对各种事物充满了敬畏，他们认为这只是过去遗留下来的、虽然没什么害处却很幼稚的东西，但他们却没有，为此他们经常后悔。

古代民族的历史也很少引起他们的注意，由于好奇，西方的人们会从巴比伦人、埃及人、赫梯人和迦勒底人的历史中挑出一些记载，作为道德和习俗的行动向导。但是，大师苏格拉底的忠实信徒们只听从自己良心的召唤，根本不管后果，在早已变得屈服温顺的世界里，他们无所畏惧地生活着。

革命的不宽容

1789年8月,一个让人难忘的晚上,法兰西王国,这个标志着达官贵人的荣誉和平民百姓的痛苦的大厦,终于坍塌了。

那是一个闷热的晚上,一周以来人们的怒火日益提高,国民议会沉浸在真正的兄弟博爱的狂喜之中。只是到了这个群情鼎沸的时刻,特权阶层才把他们花了三个世纪获得的古老权力和特权交出来;人民大众宣布赞成人权理论,这奠定了民众自治的基础。

对法国来说,这意味着封建制度的灭亡。最具有进取心的人处在上流社会,他们勇敢地担起领导权,决定着这个普通国家的命运,自己也得到了生存的机会。贵族们自愿辞去公职,能在各个政府部门里做点冠冕堂皇的教士工作就已经很满足了。对他们来说,只适合在纽约的五号街上喝茶或者在二号街上开饭馆。

旧的法兰西已死。

这究竟是福是祸,我也不知道。

可是它死了,并且带走了一个看不见的残暴无比的统治,自从黎塞留时代以来,这种统治一直被教会强加在涂了圣油的圣·路易斯的后代身上。

毫无疑问，人类又获得了一次历史上前所未有的机会。

不用说，所有诚实的人们都被冲天的热情激励着。

太平盛世已经不远了，甚至可以说已经到来了。

在这个美好的地球上，一切独裁政府的专横和种种邪恶都要被彻底清除干净。

孩子们，前进吧，暴政的时代永远过去了。

对于它的后果，还可以再多说几句。

帷幕落下来了，许多社会上的不平事都被彻底清除干净，一切都从头再来。但是，这一切过去之后，我们又看到了似曾相识的"不宽容"，它与检察官并肩而坐，穿着无产阶级的裤子，梳着罗伯斯庇尔式的发型，度过它罪恶的余生。

一年之前，如果有人说当权者只是靠上帝的垂怜过日子，可能也会出差错，他们就会被"不宽容"送上绞刑架。

今天，如果有人固执地认为人民的意愿有时和上帝相违背，他们也会被"不宽容"推向死亡的道路。

这个玩笑是多么可怕呀！

然而，这个大家都喜欢的玩笑换来的却是一百万无辜旁观者的鲜血。

可惜，我要说的事并不新鲜。表达同一个意思的文词雅句可以从古典作家的著作中找到。

在人类的精神生活中，一直明显地存在着两种完全不同的类型，而且很可能永远存在。

为数不多的人坚持不懈地学习和思考，认真寻求自己的不朽灵魂,他们将会悟出某些恰当的哲学结论,最终使他们摆脱常人的苦恼。

对大多数人来说,他们对精神上的"淡酒"并不满足,总想寻找能刺激精神、烫坏舌头、割断食管、使他们突然坐起来振奋一下的东西。无论那"东西"是什么,只要能发挥上述的作用,能采用直截了当的方法而且在数量上没有限制就行。

令许多人大失所望的是,对于这个事实历史学家好像不明白。旧的城堡刚刚被愤怒的民众摧毁掉(这件事被当地的黑罗多弟和塔西提及时热情地进行了报导),就马上让泥瓦匠把旧城堡的废墟运往城市的另一端,同样出于镇压和恐怖的目的建起一个地牢,它的卑鄙、暴虐程度和旧堡垒不相上下。

就在这时候,刚好有一些民族,终于出于强烈的自尊心把"永远正确的人"强加在他们头上的枷锁摆脱了,可惜又接受了一本"永远正确的书"的指挥。

旧的统治者打扮成仆人的样子,骑着马疯狂逃往边境。就在当天,自由党闯进了这座被遗弃的宫殿,他们穿上丢下的皇袍,迫使他们的前任流离失所的错误和残酷又在他们身上重演。

这一切都让人沮丧,但这件事必须告诉大家,因为它的确是事实。

不用说,那些对法国大动乱负有直接责任的人的出发点是好的。《人权声明》的原则规定,对任何公民按照自己的观点,哪怕是宗教观点寻求道路和自由都不得干预,只要由各项法令和法律制定的社会秩序不被他的观点扰乱就行。

但是,这并不等于说所有宗教派别的权力都是相等的。自此以后,新教得到了承认,不会因为和天主教徒在不同的教堂做礼拜而招惹麻烦，但天主教作为国教，仍然"占有统治地位"。

在认识政治生活本质方面，米拉博有准确无误的能力，他知道这个声名远播的让步并不是彻底的解决办法。他试图用一个人的革命来取代一场社会大变革，但壮志未酬身先死。对在8月4日晚上表示出的宽宏大量，许多贵族和主教后悔莫及，便开始采用设置障碍的方法，这给他们的国王主子造成的后果是致命的。整整两年过去了，直到1791年，包括新教徒和犹太人在内的所有宗教派别才取得了完全平等的基础，被宣布在法律面前享有同等的自由，而这两年对于任何实际目的来说都太长了。

从那时开始，各种角色就都倒过来了。法国人民的代表为这个前途广阔的国家制定了宪法，宪法要求无论教士具有什么信仰，都必须宣誓忠于这个新政体，要像同胞学校的教师、邮局雇员、灯塔看守人和海关官员一样，严格地把自己视为国家的公仆。

在教皇的庇护下，六世反对这样做。新宪法对神职人员的规定是对1516年法国和罗马教廷签订的各项正式协定的直接亵渎。但是，先例或条约这类不值一提的小事，议会根本没有时间考虑。教士只有两条路，宣誓效忠宪法或退职饿死。这个看来不可避免的命运被一些主教和教士接受了，他们十指交叉，履行了宣誓手续。但是，绝大多数教士是老实人，他们拒绝发假誓。他们已经迫害了胡格诺教派很多年，现在他们又模仿胡格诺派，开始在荒废了的马厩里作弥撒，在猪圈里交流思想，在乡下的树篱后面布道，而且，在夜深人静的时候到他们以前的教民家里进行秘密拜访。

一般来说，在类似情况下，他们比新教徒的生活好很多，因为法国的秩序已经非常混乱，顾不上采取措施对付宪法的敌人，甚至连敷衍了事都顾不上。他们好像都不想冒生命危险，所以那些杰出的被人们称为"拒绝宣誓的倔强分子"的神职人员，很快就鼓起勇气要求官方承认自己是"可以被容忍的宗派"，并要求得到特权，而这些，在三百年前正是他们坚决拒绝交给自己的同胞加尔文教徒的。

现在我们处在没有这种风险的1925年，回顾那个年代，认为它冷酷滑稽是难免的。由于议会很快就被极端的激进分子完全控制，所以当时官方并没有对他们的要求采取明确的措施。因为法庭的背叛和国王陛下愚蠢地与外国结盟，结果不到一个星期，就引起了从比利时海岸到地中海海滨的恐慌，导致了从1792年9月2日到7日的一次次的屠杀。

从那时起，这场革命就注定为堕落和恐怖统治。饥饿的臣民开始怀疑自己的领袖正在策划一个大阴谋，国家要被出卖给敌人，哲学家们想按部就班地取得成果的打算这时也破灭了。接下来发生的巨变在历史中并不足为奇。在这样大的危机中，处理事务的权力很容易被无情无义的人得到，这一点只要是认真学习历史的学生都熟悉。但是，让人意外的是，这出戏的主角竟是一个一本正经的人，是楷模、美德的真正化身。

就像在协和广场的绞架上枉费唇舌说点过时的警告一样，法国开始明白新主人的真面目时，已经太晚了。

到这里，我们从政治、经济和社会组织这几个方面对这场革命进行了研究，但是要真正解释或理解那些黑暗的力量在极度痛苦中决定了民族的命运，只有等历史学家变成心理学家或心理学家变成历史学家。

有人认为世界是由愉快和光明支配的；有人认为人类只尊重蛮横力量这个东西。从今往后的几百年，我们也许会在二者之间进行选择。但是，法国革命是所有社会学的试验中最伟大的，它是暴力的神圣化，这一点好像是肯定的。

有些人想用理智建立一个充满人性的世界，但他们要么寿终正寝，要么死在他们原想授予荣誉的人手中。在伏尔泰、狄德罗、杜尔哥、孔多塞这些人销声匿迹的同时，无知的新至善论的倡导者名正言顺地成了国家的主人，这项崇高的使命被他们弄得乱七八糟。

在他们统治的第一阶段，宗教的敌人取得了胜利，这些人基于某种原因，痛恨基督教的象征。在过去教士专权的日子里，他们默默地忍受着巨大的痛苦，看到教士穿的黑色长袍就怒不可遏，敌人的气味使他们脸色发白，早已忘却的狂怒又被重新唤起。还有些人认为反对上帝本人的存在可以借助数学和化学。他们开始联合起来对教会和它的作品进行摧毁。这件事一点希望也没有，最多只是一场徒劳无功的行动，但它符合革命心理的特点，正常的变成了不正常的，不可能的事仍在每天发生。因此基督的旧历、万圣节、圣诞节、复活节，以及星期和月份，都被法律的一纸公文废除了，一年被重新划分为十天一段，每十天有一个异教徒的休息日。接着又出现了一张废除崇拜上帝的声明，使世界失去了脊梁。

但这段时间很短。

雅各宾俱乐部里，四壁空空，这种虚无缥缈的主张，任凭怎样不断地解释和辩解还是不得人心,大部分人连两个星期都忍耐不了。既然旧上帝对人们的要求不能满足,那何不效仿摩西和穆罕默德,创造出一个适应时代要求的新上帝呢?

于是,理智女神出现了!

人们后来才弄明白她的真实身份。在当时,一个穿上合适的古希腊服装的女演员,就完全符合了人们的要求。她是从前任国王的芭蕾舞团舞蹈演员中找到的,在一个恰当的时机,她被人们隆重地送到了旧信仰崇拜者早已抛弃了的巴黎圣母院的高大祭坛上。

至于圣母,几百年来她一直站在祭坛上,用完全理解的宽容目光温和地注视着灵魂受到创伤的人们。现在她也消失了,一双怜爱的手把她藏了起来,使她没被送进石灰窑烧成灰浆,自由女神的塑像现在立在她的位置上。这个塑像用白色的石膏随意雕塑而成,是一个非专业雕塑家的得意之作。但这并没有结束,巴黎圣母院还领教过其他发明。在唱诗班中间有四个柱子和一个屋顶,象征着"哲学圣堂",在国家的重大日子里就成为新舞神的宝座。当这个不幸的女孩子不主持仪式、不接受追随者的崇拜时,"真理的火炬"就在哲学圣堂里熊熊燃烧,意在用这火光照亮世界的文明,直到最后的时刻。

不到六个月,"最后的时刻"就来了。

1794年5月7日早晨,上帝又重新确立了,法国人民正式接到了通告,灵魂的不朽再次被公认为是一条信仰。6月8日,用已故的让·雅克·卢梭遗留下的旧材料匆匆塑造出来的新上帝正式向盼望已久的信徒们亮相了。

身穿一件崭新的蓝色马甲的罗伯斯庇尔发表了欢迎词。他从一个三流城市里的鲜为人知的法律执事变成了法国革命的高级教士，得到了一生中最高的地位。更有甚者，有一个可怜的精神错乱的名叫凯瑟琳·泰奥特的修女，她刚刚宣布了救世主即将到来，还把救世主马克西米利安·罗伯斯庇尔的名字透露了，她因此而被成千上万的人拥戴为上帝的真正母亲。这个马克西米利安穿着自己设计的奇异制服，趾高气扬地大讲了一番，向上帝保证说从今以后他所掌管的小世界一定会日益完善。

　　为了确保没有任何闪失，两天后，他又通过了一项法律，就像宗教法庭时代一样，叛国罪和异教罪在法律中又被视为一体，法律规定，只要被怀疑犯有这两种罪的人都被剥夺一切自卫手段。这是个非常有效的措施，在后来的六个星期中，在断头台上丧生刀下的人有一千四百名之多。

　　剩下的事情大家非常熟悉。

　　罗伯斯庇尔认为，在他认为的一切美好事物中，自己是完美的化身，是有思想的狂热者，所以不可能承认其他不够完美的人有和他生活在同一星球的权利。随

罗伯斯庇尔，法国革命家，法国大革命时期重要的领袖人物，雅各宾派的实际领导人之一。

着时间的脚步，他对罪恶的仇恨与日俱增，甚至到了致使法国濒临人口灭绝的边缘的地步。

最后，美德的敌人因为担心自己的性命，开始反攻。经过一场短暂的生死较量，这个正直得可怕的信徒被毁灭了。

自此，法国的革命力量很快被削弱了。当时法国人民采用的宪法承认了不同宗派的存在，给它们以平等的权利和特权，宗教方面的事情至少共和国官方不再管了。如果做到既支持自己的教士和牧师，又承认国家的至高无上的权力和个人选择的完全自由，那么那些希望成立教堂、公理会和联盟的人可以想怎么做就怎么做。

从那时起，法国的天主教徒和新教徒开始和平共处。

天主教会从不承认自己的失败，这是真的。由1864年12月8日罗马教皇庇护九世的教令可以发现，它继续诋毁政教分家的原则，并且给那些企图颠覆共和国体制恢复君王制或帝国的政党以支持，企图东山再起重掌大权。但是，这些战斗一般都是秘密进行的，在大臣太太的起居室里或是退伍将军加上一个野心勃勃的岳母在打兔子的山林小屋里进行的。

因为他们，趣味读物有了极好的素材，不过，这只能证明他们是枉费心机。

汤姆·佩恩

曾有一首诗歌在某地流传着，它的大意是：上帝在神秘地活动，在创造着奇迹。

这个说法对研究过大西洋沿海地区历史的人来讲，它的真实性是显而易见的。

在17世纪的前半叶，美洲大陆北部住着一批人，他们对《旧约》理想崇拜得五体投地，不知内情的参观者并不把他们当作基督徒，而认为是摩西的追随者。这些开拓者和欧洲国家被宽阔寒冷且波涛汹涌的大西洋隔开了，他们在美洲大陆建立了一种统治，是一种恐怖的精神统治，这对马瑟家族的大规模搜捕和迫害达到了极点。

乍一看，似乎不可能说这些令人尊敬的绅士对宽容倾向有很大功绩，在英国与从前殖民地之间曾爆发过敌对情绪，在爆发之前的《美国宪法》和其他许多文件里，这种宽容倾向被讲得很明白。事实是，因为17世纪的镇压很恐怖，就注定导致了一种强烈的反作用，这作用对自由思想是相当有利的。

这并不是说所有的殖民主义者突然间都派人去找索兹尼的选集，也不代表他们不再用罪恶之地和罪恶之城的故事来吓唬孩子们。不过他们的头领差不多都是新思想的代表，他们都很有能力和谋略，他们的宽容思想都建立在羊皮宣言的基础上，而且，在这上面，新的独立民族的大厦就要拔地而起。

如果他们的对手是一个统一的国家，那么也不会这样成功。但是，在美洲的北部建立移民区的事情始终错综复杂。瑞士路德派的人开辟了一部分土地，法国的一些胡格诺教徒被派来了，荷兰的阿米尼教徒占领了一大块土地，而在哈德逊湾和墨西哥湾之间的荒野也被英国的各个宗派相中，他们都想在那里建立自己的小天堂。

这对各种宗教的发展很有帮助，不同宗教之间很平衡，各派移民者的头上都被强加了一种互相忍耐的形式，是一种最原始最初级的形式，要是在一般情况下，他们非打个你死我活不可。

有一些体面的绅士是靠坐收渔利发财的，这个发展对他们来说实在可恶。在新的仁慈精神出现多年之后，他们还在为维持旧的正直理想而战斗。虽然他们没得到什么，但成功地使年轻人疏远了一种好像是从比它野蛮的印第安邻居的仁慈善良的概念借用来的信条。

值得庆幸的是，在这场长期的争取自由的斗争中，我们国家那些人数很少却勇气十足的反对者是最受攻击的。

思想传播得很轻快，甚至要传播一种能使整个大陆陷入混乱的新见解，只需一只小小的八十吨重的双桅帆船就足够了。虽然18世纪的美国殖民主义者没有什么雕塑和大钢琴，但他们却有很充足的书籍。在十三个移民区中，有一些聪明的人开始明白这个大世界正在受到震撼，这在星期日的布道中听不到。他们的先知是那时的书商。他们表面上的生活还是原来的样子，也不公开脱离已有的教派，但是，时机一到，他们立刻表示自己是特兰西瓦尼老王储的最忠实的信徒，那个老王储以上帝已经明确地给了他做三件事的权力为理由，拒绝迫害唯一神论的臣民，这三件事是"有能力进行从无到有的创造，知道未来，支配人的良知"。

公共舆论是一个社会的最高法庭，当需要制定一个将来治理国家的具体的政治和社会纲领时，这些勇敢的爱国者的思想就被他们写进文件里，被置于这个最高法庭面前。

弗吉尼亚的公民是善良的，他们洗耳恭听的一些讲演是自由思想者直接操纵的，而他们之间是不共戴天的仇敌，这一点弗吉尼亚的公民并不知道，否则，他们一定会被吓得魂飞魄散。然而，托马斯·杰弗逊，那个最成功的政治家就是一个很有自由观点的人，他宣讲的一些理论，比如说宗教不能用武力或暴力，只能用道理和说服力来管理；所有的人都有按照自己的良知自由运用宗教的同等权利等，都只是以前伏

汤姆·佩恩，美国独立战争期间伟大的革命家和思想宣传家，因作品《常识》《人的权利》等名扬一时。

尔泰、拜勒、斯宾诺莎和伊拉斯谟的思想和作品的重复。

后来，人们又听到"在美国谋求任何公职都不需要把宣布信仰作为条件""国会不应用法律来干涉宗教的建立或禁止自由运用宗教"之类的邪说，这种做法得到了美国反叛者们的默许和同意。

这样一来，美国成为第一个政教明确分离的国家，第一个公职候选人接受任命时不需出示主日毕业证的国家，在法律上成为第一个人民宗教信仰自由的国家。

不过，就像奥地利或其他类似地方一样，这里的平民百姓比领袖保守得多，领袖们只要稍稍偏离老路，他们就掉队了。在许多州，那些不属于主导宗教组织的百姓还继续受到限制，而且，纽约、波士顿和费城的人置本国宪法于不顾，依然排斥持异见者。所有这些不幸很快降临到一个叫汤姆·佩恩的头上。

汤姆·佩恩对美国的事业的贡献是巨大的。

他是美国独立战争的宣传员。

他体内流的是英国人的血，是个水手，在天性和训练上是个叛逆者。

他在四十岁时访问各个移民区。在伦敦时遇到了本杰明·富兰克林，被建议"西行"，他接受了。1774年，带着本杰明的亲笔写的介绍信，他启航前往费城，帮助理查德·贝奇创立了《费城公报》杂志。理查德是富兰克林的女婿。

汤姆是个资深的业余政治家，他很快发现自己处在了漩涡中，那是考验灵魂的重大的漩涡。但他的头脑很清晰。有关美国人不满情绪的凌乱材料被他收集在一块，融入一本小册子中，很短却很亲切。

它通过普通"常识",使人们相信美国事业是正义的,应该得到所有忠心爱国者们的同心协力的合作。

这本小册子立刻传到英国,传到欧洲大陆,很多人第一次听说有个完全自由的民族,它叫"美国",它具有神圣的职责,向母国宣战。

独立战争一结束,佩恩就回到欧洲,把政府的种种愚蠢行为告诉英国人民。当时,在塞纳河两岸正发生着恐怖的事情,体面的英国人开始用不信任的眼光审视着海峡对岸的情况。

一个叫埃德蒙·伯克的人被这一切吓破了胆,他发表了《对法国革命的见解》。刚一发表,佩恩马上义愤填膺地予以回击,写了《人的权利》一文,结果,他被英国政府通令受审,罪名是叛国罪。

与此同时,崇拜他的法国人选他进入国会。佩恩对法文一窍不通,但他非常乐观,接受了这项荣誉,来到了巴黎。他住在这里,一直到罗伯斯庇尔怀疑他才离开。佩恩急忙完成了他关于人生哲学的一本名为《理智时代》的书,因为他知道自己随时随地有被捕或砍头的可能。在他即将入狱时发表了书的第一部分,然后在十个月的监狱生活中完成了书的第二部分。

佩恩把真正的宗教称为"人性的宗教",他认为,无神论和盲信主义是真正宗教的两个敌人。在表达这个思想时,他却受到了大家的攻击,1802年,他回到美国后,受到了人们的极端仇视,被人们称为"又肮脏又可鄙的无神论者",直到他去世后一个多世纪,这名声还继续着。

他没出什么事,既没有被绞死,又没有在轮子上被分尸,这千真万确。只是没有人理睬他,当他鼓起勇气要出门时,大家就鼓动小孩子向他吐舌头,他去世的时候,已经被人们唾弃和遗忘。他为了发泄自己的愤怒,写了一些小册子,那是一些反对独立战争中其他英雄人物的愚蠢的小册子。

相对于好的开端来说,这个结局好像是最悲惨的。

但这种典型的事例,在近两千年的历史中屡次发生。

个人的不宽容在公众的不宽容的愤怒刚刚发泄完时接踵而来。

官方已经终止了死刑,但又诞生了私刑处死。

画中文字意为:"理性时代,或者佩恩作品中乌七八糟的世界(就是法国雅各宾派恐怖统治时期的世界)。"

最后一百年

这本书如果在二十年前写一定很容易。那时大多数人几乎把"不宽容"当作"宗教不宽容"的同义词,如果历史学家写"某人是为宽容奋斗的战士",那么大家都会认为反对教会的弊病和反对职业教士的暴虐是他一生奋斗的目标。

然后爆发了战争。

世界的变化很大。

我们得到的是十几种不宽容的制度,而不只是一种。

对同伴的残酷的形式有上百种,而不是只有一种。

刚刚摆脱宗教偏执的恐怖的社会,又陷入了更为痛苦的境遇,要忍受种族不宽容、社会不宽容及很多不值一提的不宽容,十年前的人们做梦都没想过会有它们存在。

直到最近,还有很多好人生活在愉快的幻想中,他们把发展看作一种自动时针,认为只要偶尔表示一个赞赏,就用不着再上发条,这种想法好像太恐怖了。

他们凄惨地摇着头,嘟囔着:"虚荣,虚荣,全都是虚荣!"他们对人类本性所表现的惹人厌恶的固执抱怨不已,人类代代受到挫折，却总是不能吸取教训。

他们直到彻底绝望的时候，才加入快速增长的精神失败主义者的队伍，把自己的包袱转移到别人身上，依附于某个宗教协会，用最悲惨的语调宣布自己的失败，并对以后的社会事务也不再参与了。

对这种人我不喜欢。

和懦夫相比，他们有过之而无不及。

他们将是人类未来的背叛者。

言尽于此，有什么解决办法呢？有没有办法解决呢？

我们对自己不能撒谎。

毫无解决的办法。

最起码现在没有办法解决，在当今社会，人们要求药到病除，希望借助数学或医药公式，或国会的一个法案，把地球上的一切困难快速而又顺利地解决掉。但是，看待历史我们习惯用发展的眼光，知道文明不会随着20世纪的到来而开始，也不会随着20世纪的到来而消亡，因此感到不是没有希望。

现在我们听到许多论断，让人感到悲哀绝望，比如"人类一直是那个样子""人类将永远是那个样子""世界从未有过变化""和四千年前的情况完全一样"，这些都是违背事实的。

这是视觉上的一个错误。

进步的道路经常中断，但是，如果把感情上的偏见置之度外，根据我们掌握的有关两万年历史的一点具体材料，对这段历史做个冷静评价，就会注意到，发展虽然缓慢，却是千真万确的，事情总是从不可名状的残忍和粗野状态走向较为高级完善的境界，这个看法是毋庸置疑的，是坚定的，甚至于世界大战的严重错误也动摇不了。

人类的生命力顽强得令人难以置信。

它的寿命连神学也比不了。

总有一天，它的寿命将超过工业主义。

它历经沧桑，霍乱和瘟疫，残酷迫害和清教法规。

这一代人会被许多精神罪恶扰乱，人类将学会如何消灭这些罪恶。

历史小心翼翼地把自己的秘密揭示开来，它已经给我们上了伟大的一课。

人制造的东西，人也可以毁灭它。

这首先是一个勇气的问题，其次是教育的问题。

当然这听起来有点像老调重弹。最后这一个世界，人们的耳朵灌满了教育，人们甚至有点厌恶这个词。他们留恋过去，那时的人虽然既不会读也不会写，但能用多余的智慧间或进行独立思考。

纯粹的事实积累被看作是现代孩子们必需有的精神库存，我这里说的"教育"不是指这些，我想说的是，对历史善意大度的了解孕育了对现时的真正理解。

不宽容只是老百姓自卫本能的一种表现，我在这本书中已经力图证明这一点。

一只狼与众不同，无论是弱狼还是强狼，一群狼都不能容忍，它们一定会除掉这个不受欢迎的伙伴。

一个吃人的部落不会容忍会激怒上帝给整个村子带来灾难的人，会野蛮地把他赶到荒野。

在希腊联邦里，胆敢质疑社会赖以生存的基础的人不能长时间居住在这个神圣的国度里，在一次可悲的不宽容爆发中，这位闹事的哲学家会被仁慈地判处饮杯毒药来结束生命。

有些法律是从罗慕路斯以来就必不可少的，如果古罗马允许几个毫无恶意的狂热者去践踏它，那它就不可能生存下去，只能与它的传统自由政策背道而驰，违背自己的意愿去做一些不宽容的事情。实际上，教会是这个古老帝国版图上的精神继承人，完全靠绝对服从他们的最恭顺的臣民而生存，因此它被迫走向镇压和凶残的极端，导致许多人宁可忍受残酷的土耳其人，也不愿意要慈悲的基督教。

重重困难总是包围着反对神职人员专权的伟大战士，但是他们要想生存下去，就绝不能对一切精神革新或科学试验持宽容的态度。于是，他们以"改革"的名义，试图或者说已经犯了敌人刚刚犯过的错误，敌人丢掉权势也同样是因为这些错误。

过去了多少个时代，生命本应是光荣的历程，却成了可怕的经历，而所发生的这一切，都是因为直到现在人的生存完全被恐怖笼罩着。

我再说一次，所有的不宽容都是因为恐怖。

不管是什么样的迫害方法和迫害形式，都起因于恐惧，建起断头台的人和把木柴扔向火葬柴堆的人的表情都极端痛苦，我们从中可以清楚地看出恐惧的集中表现。

这个事实一旦被我们看清，这个问题就立刻有了解决的方法。

在没有恐怖笼罩的时候,人们是非常倾向于正直和正义的。

迄今为止,人们很少有实践这两种美德的机会。

不过我认为,不能活着看到这两个美德的实现也没什么大不了的。这是人类发展的必经阶段。人类毕竟是太年轻了,年轻得滑稽可笑。这些美德只有随着年龄和经验的增长才能获得,要求在几千年前才开始独立生活的哺乳动物具备这些是不合情理不公正的。

而且,它会让我们的思想出现偏差。

它使我们在该

命运之轮　命运女神推动着命运之轮,人类在这个轮子上起起落落,最终被无情地碾碎。

有耐心的时候愤怒。

它使我们在该表示怜悯时说出尖酸刻薄的话。

在撰写这样一本书的最后几章时，往往有一种诱惑使人去充当悲哀的预言家的角色，做一点业余的说教的工作。

万万不可。

生命是稍纵即逝的，而布道却容易冗长。

某种意思用一百个字表达不了，那还是不说的好。

我们的历史学家犯了一个严重的错误，对于史前时代他们侃侃而谈，他们告诉我们希腊和罗马的黄金时代，他们信口开河，虚构一段黑暗时期，他们还创作猜想诗歌颂比过去繁荣昌盛十倍的现代生活，因为这种错误他们心怀愧疚。

人类的某种情况似乎和那些知识丰厚的博士巧妙组成的画面不适应，如果他们偶然发现了这个问题，就会低声下气地说几句话道歉，嘟嘟囔囔地说："真不幸，这种不理想的情况是过去野蛮时代的残余，只要时机一到，就像公共马车给火车让位一样，这种情况就会全部灰飞烟灭。"

这听起来倒很顺耳，不过是假的。它可以满足我们的自尊心，让我们相信自己是时代的继承人。我们是古时住在山洞里的人的当代化身，是叼着香烟、驾驶着福特汽车的新时代的人，是坐着电梯上公寓大厦的穴居人，如果我们知道这一点，那对我们精神健康反而更好些。

到那时，也只有到那时，我们才能向目标迈出第一步，那目标还隐藏在未来山岭中。

只要这个世界还笼罩着恐怖，谈论黄金时代、现代和发展完全是浪费时间。

只要我们的自我保护法则中还存在不宽容，要求宽容简直就是犯罪。

等到屠杀无辜的俘虏，烧死寡妇，盲目崇拜一纸空文等不宽容现象都变成天方夜谭的时候，宽容统一天下的日子就到了。

这可能要一万年，两万年，甚至十万年。

但不论怎样，这一天一定会到来，当人类获得第一个胜利即征服自身恐惧心理的载入史册的胜利的时候，它就接踵而来。

后记
但是这个世界并不幸福

出版商曾经给我写了一封信,大意是,1925年《宽容》出版了。现在几乎成了古典作品,他们想搞一个普及本的永久性版本,重新定一个"大众化的价格"。如果他们要对原作做必要的安排,我还愿意写最后一章吗?也许我可以尽力试着说明,在近十年里宽容的理想为什么这样惨淡地破灭,为什么我们现在的时代还有仇恨、残忍和偏执的生存空间!这一切肯定不是没缘由的,如果确实有原因而我也知道的话,那我可以说出来吗?

我答复说,解剖美丽的宽容女神的尸体是一件难过的事,但这是我的责任,我应该这样做。

问题是,我们应该在哪页和这本十五年前写的书分手,开始写后记呢?

出版商建议我把最后一章删去,理由是结尾部分是崇高的希望和欢呼。关于这一点,他们没有错,这毋庸置疑。确实没什么值得高兴的,"与其用贝多芬第九交响曲充满希望的大合唱为我的结束语伴奏,还不如用《英雄》中的葬礼进行曲"。

但冷静下来，仔细想想，我觉得这并不是解决问题的好方法。

和出版商一样，我对前景也很悲观。但是这本书还要在这世界上留很多年，我想应该让下一代知道，1925年怎样激起了我们对更幸福更高尚前程的向往，而1940年又是怎样把这种光辉的梦想彻底打破了。这才是唯一公正的方法。这种事情为什么会发生，我们犯了什么错误才导致这场可怕的灾难？他们应该知道。

通了几次信后，出版商被我说服了，他相信我不是蛮不讲理的人，下面的内容就是我写给出版商的对《宽容》的最新也是最后一版的补充。

最近这七年可以说是个地地道道的"丑巫婆的大锅"，里面汇集了人类所有的邪恶弊端，成了大杂烩，除非我们发明一种能药到病除的灵丹妙药来解毒，否则，我们全都会被它毒死。对于这个令人作呕的容器中倒入的各种成分，我做了仔细的研究，对这个讨厌的大杂烩负主要责任的那些人，我也不厌其烦地进行了观察。那个臭气熏天的大杂烩正在我们整个星球上蔓延，只有剩下的少数几个国家是民主的，和那里的居民一样，我对下等的厨房仆人居然得到那么多人的拥戴也迷惑不解。这些下等的仆人不但因为这令人作呕的大杂烩而高兴得手舞足蹈，而且还用全部时间把它灌进旁观者的喉咙里，虽然这些旁观者对他们毫无妨害。很明显，这些旁观者更喜欢祖传的善意和宽容的浓汤，可是如果他们不假装高兴并吃下这堆令自己翻肠倒胃的东西，就会立刻被杀。为了满足好奇心，我尽力了解了这种事情是怎么发生的，现在我把我耐心观察的结果告诉你。

为了把这个问题的起因弄清楚，我建议大家效仿精明强干令人尊敬的政治家艾尔弗雷德·E.史密斯先生，他原来住在纽约州的阿尔巴尼，现在住在帝国大厦。我们先看一下记录，看可以找到什么。

你养猫、狗或其他家禽动物吗？你研究过这些卑贱的动物对养它的家庭及主人的花园和后院的态度吗？在这里我提出这个问题似乎有点走题，但是，过一会儿你就会看到，它和我们要解决的难题关系密切。你一定注意到这些不能说话的动物出于天性、本能、训练或三者兼而有之的因素，对它们自认为的"权利和特权"都非常荒唐地珍视着。同一条警犬，它可以让主人的孩子拉着尾巴在屋里转圈，也可以让孩子揪下它身上的一撮毛，但是却不允许另一个和蔼可亲的小孩子踏上属于"它"家的草坪，如果谁这么做了，它会立刻狂吠不止。德国种的最小的猎狗一定注意到了邻居家北欧种的粗毛大猎狗，知道自己会被撕成碎片，可是，只要那狗敢于跨越界限（它所认为的能区分自家领地和邻居地盘的区域）一步，它就会向那头凶狠的大兽猛扑过去。甚至只顾自己舒服的猫，当另一只猫胆敢闯入自己的炉边时，也会暴跳如雷。

那些森林居住者的习惯，捕捉大猎物的猎人都很熟悉。我从他们口中得知，野兽具有集群本能，不管加入者增添的力量对于它们迅速削弱的实力多么有利，它们也不会容忍外面的野兽加入。对不会说话的鱼的心理假装懂得的人告诉我，甚至在这些冷血动物中，也有一种固定的行为准则用于对付一个陌生的鱼出现的情况，在河流岩石之间固定的场所栖息的鱼从来也不允许一条外来的鱼的加入。

关于动物学，我不是很精通，但我掌握了一点关于人类的知识，在某个所谓的历史时期，人类记录了自己的思想和行为，当我研究人类在那时的行为记载时，我发现了什么？从开始到现在，人类一直都是"群居动物"，一些同路人结成了某种排他性集团，一个人只有感到自己属于这个集团，它的成员和自己继承的信仰、偏见、偏爱、恐惧、希望和理想苟合时，他才真正感到幸福。

当然，某些人群，包括互相对抗的部落，偶尔会由于经济上的需要按照某种政治方式行事。但这种安排坚持的时间不会太长。只有泾渭分明的共同信仰、共同偏见、共同偏爱、共同恐惧、共同希望和理想，才能使人们不顾艰难险阻和危险而聚集在一起。

看一下从乔普斯和汉谟拉比到希特勒和墨索里尼的这段历史。由于自己都远远比别人优越，没有任何共同理解和共同行动的基础，所以每个团体、部落、宗派和差不多每个家庭，都与邻居们保持一定距离，而且各个时代各个地区的情况都差不多。我给你举一个家喻户晓的例子。

世界各地几乎所有人从一开始称呼自己的名字是什么呢？这种例子多得吓人，他们把自己称为"上帝的人"或"上帝的选民"，还有更荒谬的"属于上帝的人"。在其他人眼里，埃及人是卑贱的小农，而他们却把自己看作是"上帝的人"。犹太人也用"上帝的人"来指自己。现在我们知道的芬兰也叫"苏密"，有人告诉我它的意思也是"上帝的人"。太平洋上有许多部落，其中塔希提岛人是我们最熟悉的，他们也用"上帝的人"称自己。波利尼西亚同西亚远隔千山万水，北非和北欧也相距万里，这些地方的居民在种族上没有任何相同之处，只有一点是相同的，那就是他们都明显地看不起其他人类，认为自己才是真正有价值的人，而别的人是异己，不体面，应该被鄙视，甚至可能的话还要远远躲开。

冷眼一看，希腊是这个耸人听闻的规律中的一个例外。不过，他们自负地坚持自己是海伦的嫡系后裔，是天神的儿子，是大洪水的唯一幸存者，这表明他们对本种族的人很尊重。但他们对所有非希腊人都很蔑视，粗率无礼地把他们称为异己，甚至于那些在各方面都出类拔萃而且心胸豁达的著名科学家、哲学家们也认为他们是低劣的人，这从他们不屑地称非希腊人为野蛮人中可以看出来。这表明至少在这个方面，他们的水平和愚昧落后的澳大利亚土著居民不相上下，那些土著人一直没学过三以上的数，但却得意忘形地告诉欧洲最早的来访者，他们是绝无仅有的"上帝的人"，这毋庸置疑，因此如果问他们是什么人，那是愚蠢至极的。

对于这种傲慢无礼的可恶的形式的限制，我们注意到的罗马人是不接受的。千万不要认为这是因为他们对自己的评价没有旁人高！像现代的英国人一样，他们认为自己理所当然是至高无上的，所以对这一点，他们从不屑于做一点明确的解释。他们是罗马人，这就足够了。对这样一个人人都能看见的显而易见的事情大呼小叫是有失身份的。罗马人对此至少在这方面是毫不在乎的。

纯种族的概念促使大多数部落和民族认为自己是值得称为真正的人民的人，而且是独一无二的人，这一点我就不再多说了。不过，这只是一个细节，因为除了这种奇怪的排外和优越感的种族意识，还有对宗教、道德、风俗这些不同但举足轻重的问题的特定的信仰。结果，不论大小，每个集团都总是居住在铜墙铁壁的城堡里，外界和外来的影响被他们用偏见和固执这个坚固的屏障挡在外面。

美国已经独立一百五十多年了。的确，清教徒的不宽容行径没什么可炫耀的，但是，最危险的极端行为毕竟被我们避免了。可是，如今边远地区已经开发了，国家正飞快地走向定型，但好像我们并没有从世界上古老一些的种族的错误事例中吸取足够的教训。就在我们的大地上，各个种族还是紧密团结成一个整体，各自为政，好像从来不知道《人权宣言》一样。对于宪法中对出版自由的规定，宗教团体似乎从没谈论过，不但强行限制自己的成员阅读和思考的自由，还置全体人民代表制定的法律于不顾，自己制定起法律来。在方寸之间，如果我们愿意的话，就能看到一种狭隘的精神和种族排外性的发展，一直到1914年战争爆发时，人们始终认为它是黑暗时代的不幸残余。

显然，我们对形势的乐观看法有些过早。近六年以来，因为纳粹主义、法西斯主义的增长，因为各种各样的偏见和狭隘的民族主义、种族主义意识形态的发展，对未来最乐观的人们相信，在不知不觉中，我们已经回到了几乎是地地道道的中世纪。

这个发现并不使人愉快，但不久前，一个喜欢哲学的法国将军曾经说过这样的话："对不愉快的事情生气是没有用的，因为事实根本不在乎，因此也不会改变。"确实这样，所以面对这些最讨厌的发展时，让我们勇敢起来，做出符合逻辑的结论，找到对付它们的方法！

从广义上讲，宽容这个词一直是个奢侈品，只有智力异常发达的人才会购买它，这些人在思想上摆脱了不够开明的同伴们的狭隘偏见，看到整个人类具有非常广阔绚丽的前景。在这本书的一开始，我引用老朋友昆塔斯·奥里利厄斯·希马丘斯的话，他们和他一样向我提出这样的质问：既然我们仰望看到的是同样的星星，既然我们都是同一星球的旅伴，既然我们都同住在一片蓝天下，既然生存之谜深奥得只有一条路才能找到答案，那为什么我们还是彼此仇视呢？但是，假如我们有勇气这样做，并且引证一个古代异教徒的高尚之词，那些不宽容帮派（坚信通往拯救的道路只有一条，就是他们的那条路）的首领就会立刻向我们号叫起来，并投来石块和木棒，那些没有沿着他们的道路（那是狭窄的小路）的人注定要永远下地狱，于是，对他们施行残酷地镇压，来防止别人受他们的怀疑的影响，使别人也去尝试"唯一权威性的地图"上没有的路途。

昆塔斯·奥里利厄斯·希马丘斯是公元4世纪的人。自此，对这种精神和种族问题上的中立态度，思想高尚的人有时用提高嗓门的办法来捍卫。有时（但时间很短），他们甚至成功地创建了自己的团体，在这个团体里，人们可以尽情地思考，并能够按照自己的意愿寻求拯救的方式。但这种宽容的态度从来不是来自下层，一直是由上层领导强行实施的。他们对来自上层的干预不甘心接受，便凭借传统的权力强迫别人接受自己的观点，而假如没有其他的方法使别人开窍，就用武力迫使他们"入会"，因而经常需要警方出动，以防流血事件的发生。

美国是由一批真正的哲学家缔造的，他们具有广泛的实际经验，完全摆脱了十三个移民区早期历史上典型的狂热宗派主义，是真正意义上的哲学家，所有的美国人对他们应该永远感激不尽。这一代人最后得到了回报，但等他们死后，在他们曾希望建立理智王国的美丽土地上，像潮水般涌进了千百万饥饿的欧洲人，他们不仅带来了这里必需的强壮臂膀，还带来了古老的先入为主的偏见。他们认为只有自己的见解是正确的，在各种问题上独断专行，绝不能兼听旁议。

当时，我们过于乐观，又忙于对大陆资源的勘探，以至于认为一切问题都能在这口大熔炉中得到解决。但是任何物质的熔化，都是缓慢复杂的过程，并且需要经常的监督和照管，因为人的灵魂比我们所知的任何物质都顽固，最不愿意被熔化。最终便出现了这个局面，各种各样用机关枪和集中营武装起来的不宽容比中世纪更胜一筹，因为中世纪也只不过是用地牢和缓慢燃烧的火刑柱来"说服"异教徒。

这样我们就要回答一个问题，我们能做些什么？我在前几页说过，并不信赖对烦恼的事情采取置若罔闻的政策。所以我得出的结论并不乐观：我们对眼下非常不幸的事态做不了建设性的事情，至少目前是这样。我们必须接受这个事实，同时又要慢慢制订出细致的长远计划，这一点是毫无疑问的，我们再也不能让自己猝不及防了，因为文明再也不能经受类似于近六年中所遭受的各种连续打击了。

从1914年到1918年的战争像飓风一样，不仅把大多数人类组织摧毁了，而且使许多人穷困潦倒甚至死去，这些损失在短时间内是不可能消除的。这场灾难的幸存者中毫发无伤的人，只顾兴致勃勃地修理自己的房屋，对别人变成废墟的大厦根本不加理睬。最后，在周围饱受打击的被遗弃的里弄里，根本不可能进行各种正常和健康的生活。然后，不知道从哪儿跑来了一些不健康的陌生人，他们在一些凄凉的地窖废墟里，把一些被抛弃的人聚集在一起，开始宣讲自己发明的学说，而这些人都是在根本不会培育出健康和理智的生活哲学的荒凉灌木丛里长大的。

重建工作既然已经滞后了许多年，我们就能够用正确的观点来看它。世界大战后，和其他任何东西相比，世界迫切需要大量的新鲜空气、阳光和好的食物，但结果得到的却是饥饿和失望。因此应运而生了许多有害的新学说，它使我们记起了一些信条，它们是在三四世纪小亚细亚衰败的沿海城市里和臭气熏天的羊肠小道里发展起来的，至今让人难以置信。

但是，最后，新的拯救预言家们的信徒饥饿不堪，就逃了出来，潜入我们相对平静的村子里，对此，我们就像17世纪以前的亚历山大一样，毫无准备，那时，附近沙漠里的暴徒怪眼圆翻，闯入学校，传授宽容学说的哲学家被他们处死了，因为他们的学说是对那些自诩掌握了唯一真理的人们的诅咒。

不错，现在我们像过去一样吃惊和绝望。现在，偏执和暴徒精神的瘟疫已经席卷了整个地球，我们再想清除已经为时过晚。但是至少我们应该有承认它们存在的勇气，敢于面对现实。多少年来，有种很古老的人类性格一直在沉睡，它等待着重整旗鼓的时机，时机一到，它们不仅要胜利归来，而且因为受了长时间的压抑，它的狂暴、愤怒和残忍比任何历史时期都强烈，我们应该把这种精神瘟疫看作这种人类性格在现今生活中的再现。

我们恐怖的眼神面前的图景就是这样。为大西洋祝福吧，因为它的辽阔，在最近爆发的这场种族和宗教狂热的风暴中，我们还相对安全。但如果我们稍有不慎，病毒就会登上海岸，把我们消灭。

"我们能做些什么？"刚才我这样问自己。依我之见，我们唯一能做的就是保持头脑冷静和时刻做好准备。耍嘴皮子是没用的。幻想自己如何优越的思想和感情上的冲动只能加快崩溃的进程。因为我们的怜悯和长时间的容忍的态度会被民主的敌人误解为单纯的软弱，他们因而会采取相应的行动。等到我们被关进集中营的时候才会明白，欧洲中部的民主国家和我们一样，也是这样灭亡的，就像对着一群正在摧毁我们脚下的基石的白蚁花言巧语地吹嘘"大家具有不可分割的权力"一样，他们对持完全对立理论的人大谈特谈什么宽容。

不，按我对当前形势的理解，现在进行直截了当的反攻为时已晚。是我们鼓励了敌人进来。我们是他们的保护人，给予他们各种安全保护，以至他们反对自己的保护人的力量绰绰有余，并且迫使保护人过没有自由的生活。但在我们这个星球上，还有几个屈指可数的角落里残存着自由，那些正直的和有正义感的人有迫切和绝对的责任，他们要休养生息，保存实力，以便迎来开始进行重建工作的那一天。

任何人都不能把这看成是失败主义者的表现，或是不敢应战的人提出的想法。根本不是！事实就是事实，因为不可饶恕的粗心大意和缺乏承担责任的勇气，许多领土被我们暂时丧失了，所以，最起码在目前我们应该撤退，然后做好再次发动启蒙运动的充分准备。

这样，在宽容问题上，我们就有了实际锻炼自己的任务。我们应该结束苟且偷安、对局面漠不关心的生活，首先要摆脱"这种事情不会在这里发生"的侥幸心理。它们不仅有发生的可能，而且已经发生了，还数见不鲜。我们是一支受命进行一场决战的军队，当我们勇敢地遵守军队式的严明纪律的时候，必须为那个快乐的时刻做好充分的准备，那时，我们能够再次为带来最后的永久的理性而奋勇前进，使它的威力得到发挥，给予自由。

朋友们，这儿有一项工作，是留给几个坚定的自愿者的。我不否认这将是我们所接受的斗争中最艰巨的，但是担当它的人将流芳千古。这场光荣之战的幸存者将作为人类真正的慈善家而受到人们的拥戴，因为他们，人类才从多少代以来的偏见和自诩正确的优越感的束缚中解脱出来,这种偏见和优越感一旦和怀疑恐惧结合,那最谦卑温顺的人也会被变成万物之中最残忍的牲畜和宽容理想的势不两立的死敌。

1940年8月于康州老格林威治市

正义女神朱蒂提亚的审判 左面有代表律法的摩西,《罗马法》的制定者查世丁尼大帝,右面为罗马第二位国王、教律的制定者庞皮利乌斯和他的妻子,以及手捧《百科全书》的普林尼,他代表着法官必须尊重法律、知识和科学。

图文资讯　拓展书籍内容，开阔阅读视野。

拓展视频　观看在线视频，激发阅读兴趣。

趣味测评　获取测评阅读习惯，测评阅读建议。

阅读分享　分享阅读心得，碰撞思维火花。

扫码进入 线上

阅读空间

ONLINE READING SPACE

让知识照耀人生